2단계 | 새싹

초등 1·2학년

STAFF

발행인 정선욱
퍼블리싱 총괄 남형주
기획 · 개발 조비호 김태원 김한길 신영한 김성준 김정희 육인선 민소희
디자인 · 마케팅 김정인 김라니 차혜린
제작 · 유통 서준성 신성철

똑똑 초등 한자 어휘 2단계 새싹　　202307 제1판 1쇄

펴낸곳 이투스에듀(주) 서울시 서초구 남부순환로 2547
전화 1599-3225
등록번호 제2007-000035호
ISBN 979-11-389-1759-9 [63700]

· 이 책은 저작권법에 따라 보호받는 저작물이므로 무단전재와 무단복제를 금합니다.
· 잘못 만들어진 책은 구입처에서 교환해 드립니다.

초등 한자 어휘

우리말 중 한자어가 절반 가량을 차지한다는 사실을 아시나요?
사물의 이름을 나타내는 단어인 명사만 보면 한자어가 7~80%를 차지한다고 해요.
그렇기 때문에 한자어를 모르면 우리말 단어 또한 제대로 알기 어렵고
'글을 읽고 내용을 정확히 이해하고 판단하는 능력'인 문해력을 기르기도 어렵겠죠.

문해력을 기르려면 한자 어휘 공부를 시작하세요!

한 편의 글을 정확히 이해하려면, 어휘의 의미를 아는 게 우선입니다.
똑독 초등 한자 어휘 시리즈는
'한자 어휘 – 문장 – 글'의 단계적 학습으로
어휘의 의미와 쓰임새를 배울 수 있고,
다양한 문제 풀이와 쓰기 활동을 통해
문해력을 기르는 데 도움을 주는 훈련서입니다.

똑똑 초등 한자 어휘 2단계 새싹편

본문

1 주제별 한자

주제별로 묶은 한자의 뜻과 소리를
배우고, 직접 써 보며 익힐 수 있어요.

2 한자 유래

한자의 유래를 통해 한자를
쉽고 재미있게 학습할 수 있어요.

1 한자 어휘

앞에서 배운 한자가 쓰인 어휘를 한눈에
확인할 수 있어요.

2 어휘의 뜻

한자 어휘가 어떤 뜻을 가졌는지 알 수
있어요.

1단계 낱말 알아보기

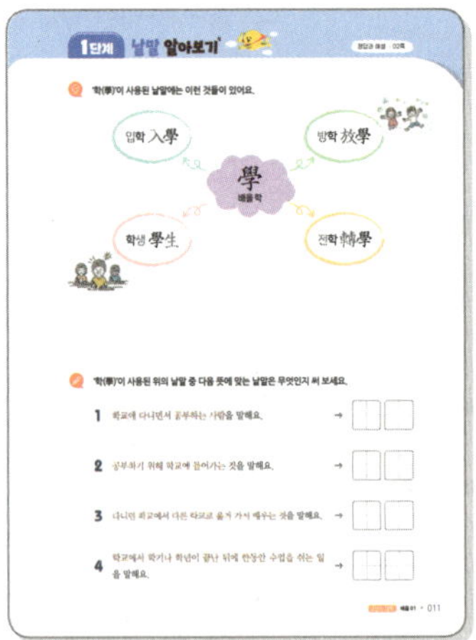

2단계 문제 풀기

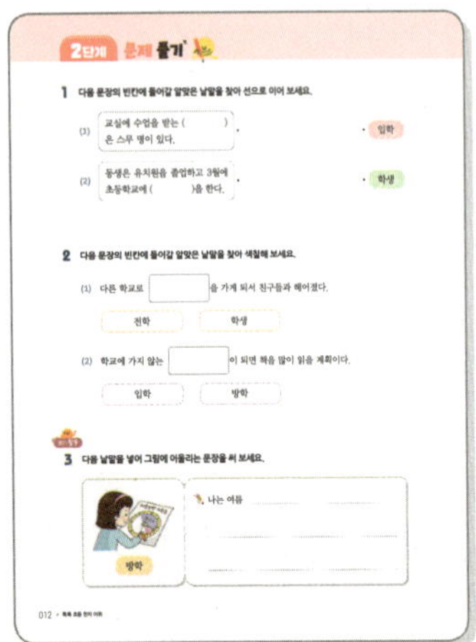

1 문제 풀이

한자 어휘의 쓰임을 파악하는 문제를
풀며 문장 이해력을 높일 수 있어요.

2 쓰기 활동

한자 어휘를 활용하여 문장을 써 보는
쓰기 활동을 하며 글쓰기 능력을 기를
수 있어요.

3단계 글로 익히기

1 글 읽기

한자 어휘가 사용된 다양한 분야의
글을 읽을 수 있어요.

2 어휘의 뜻

글에 쓰인 어휘의 뜻을 보고
어휘의 의미를 되새길 수 있어요.

3 문제 풀이

문제를 풀며 글의 내용을 이해하는
이해력과 문제 해결 능력을 기를 수 있어요.

4 우리말 속담·관용어

한자 어휘와 관련 있는 우리말 속담과
관용어를 배울 수 있어요.

5 붙임딱지

하루 공부가 끝날 때마다 붙임딱지를
붙여 마무리할 수 있어요.

정답과 해설

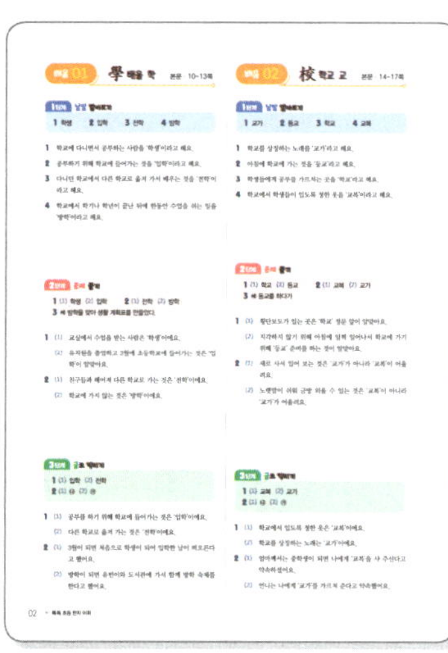

- 한자 어휘가 어떤 뜻을 가졌는지 한눈에 확인할
  수 있어요.
- '문제 풀기'와 '글로 익히기'의 정답을 확인하고
  정답인 이유를 쉽게 알 수 있어요.

워크북

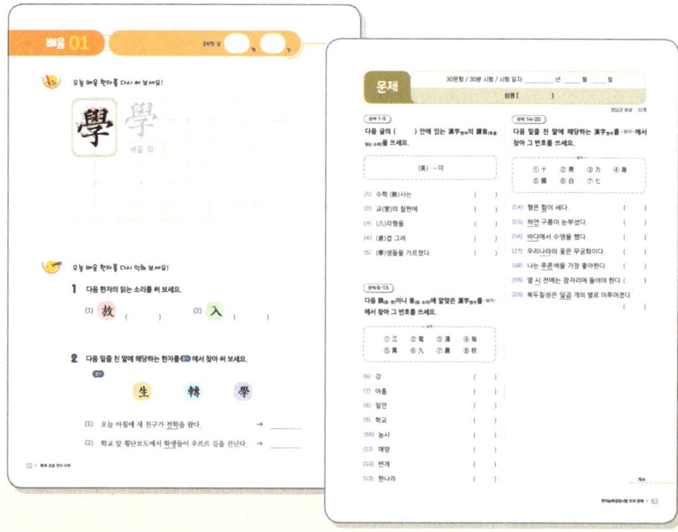

1 한자 쓰기

한자를 쓰는 순서를 배우고 직접 써 보며
해당 한자를 완벽하게 외울 수 있어요.

2 문제 풀이

다양한 문제를 풀며 앞에서 배운
한자 어휘를 다시 한번 확인할 수 있어요.

3 한자능력검정시험 모의 문제

한자능력검정시험 모의 문제를 풀며
시험에 대비할 수 있어요.

차례

배움

공부한 날

자연

나라

똑독 초등 한자 어휘
어떻게 공부할까요?

1 한자어의 뜻과 소리를 배우고 직접 써 봐요.

2 한자어가 사용된 낱말을 확인해 봐요.

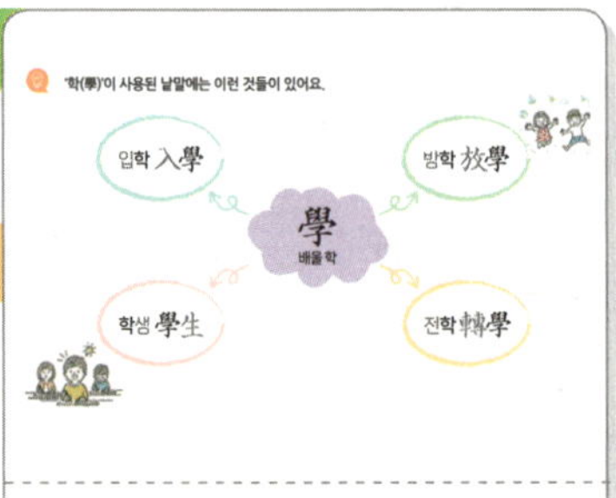

3 낱말의 뜻을 보고 어떤 낱말인지 알아봐요.

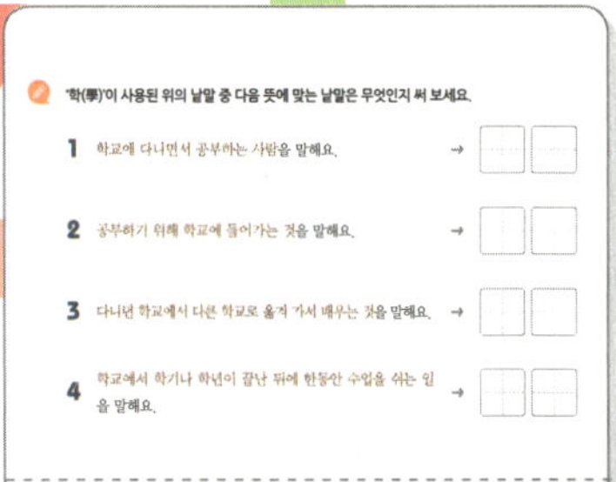

4 문장 속 한자 어휘의 의미를 파악하는 문제를 풀어 봐요.

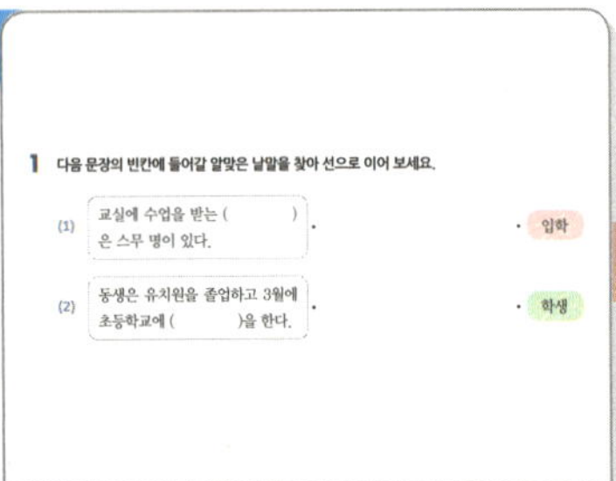

5 글을 읽으며 낱말의 뜻을 확인하고 문제를 풀어 봐요.

6 배운 한자의 획순을 확인하며 써 보고 다양한 문제를 풀며 한자 어휘를 완벽하게 익혀 봐요.

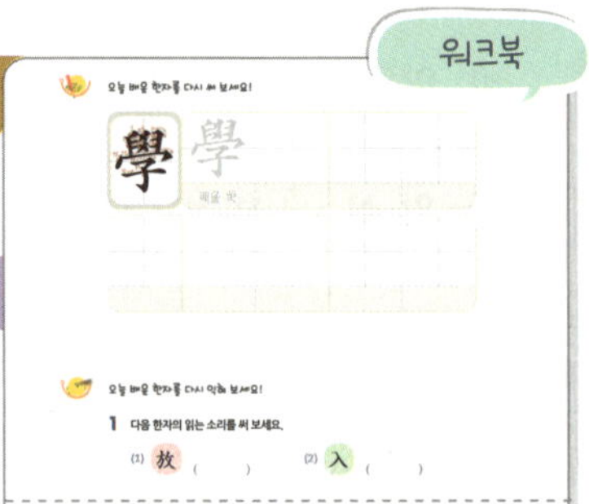

배움

01	學 배울 학	: 입학 방학 학생 전학
02	校 학교 교	: 학교 교복 등교 교가
03	教 가르칠 교	: 교육 교훈 교과서 교사
04	室 집 실	: 교실 온실 거실 실내
05	先 먼저 선	: 선배 선생 선조 우선
06	直 곧을 직	: 직선 수직 직진 직접

學 배울 학

學

뜻 | 소리
배울 | 학

↳ 새로운 지식이나 교양을 얻음.

學	學	﹁			
배울 학	배울 학				

유래

 →  → 學

學은 집 위로 막대기를 감싸고 있는 사람의 양손을 본뜬 한자야.
여기서 집은 서당을, 양손과 막대기는 산수를 하는 아이를 의미해.
그래서 學은 아이가 집이나 서당에서 가르침을 받는다는 뜻이야.

💡 '학(學)'이 사용된 낱말에는 이런 것들이 있어요.

입학 入學

방학 放學

學
배울 학

학생 學生

전학 轉學

✏️ '학(學)'이 사용된 위의 낱말 중 다음 뜻에 맞는 낱말은 무엇인지 써 보세요.

1 학교에 다니면서 공부하는 사람을 말해요. →

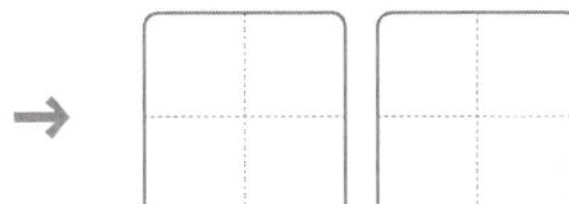

2 공부하기 위해 학교에 들어가는 것을 말해요. →

3 다니던 학교에서 다른 학교로 옮겨 가서 배우는 것을 말해요. →

4 학교에서 학기나 학년이 끝난 뒤에 한동안 수업을 쉬는 일을 말해요. →

1 다음 문장의 빈칸에 들어갈 알맞은 낱말을 찾아 선으로 이어 보세요.

(1) 교실에서 수업을 받고 있는 (   )은 스무 명이다.

(2) 동생은 유치원을 졸업하고 3월에 초등학교에 (   )을 한다.

입학

학생

2 다음 문장의 빈칸에 들어갈 알맞은 낱말을 찾아 색칠해 보세요.

(1) 다른 학교로 [   ]을 가게 되어서 친구들과 헤어졌다.

전학   학생

(2) 학교에 가지 않는 [   ]이 되면 책을 많이 읽을 계획이다.

입학   방학

쓰기 활동

3 다음 낱말을 넣어 그림에 어울리는 문장을 써 보세요.

✏️ 나는 여름 ________________________________

____

____

📖 다음 글을 읽고 문제를 풀어 보세요.

  3월이 되면 처음으로 학생이 되어 ㉠공부하기 위해 학교에 들어간 날이 떠오른다. 교실에서 새 친구들을 만났을 때는 어색하기도 했지만 함께하다 보니 금세 친해질 수 있었다.

  1학년을 마쳐 갈 때쯤 가장 친한 친구였던 유빈이가 ㉡다른 학교로 옮겨 갔다. 그때는 서운한 마음이 들었지만 우리는 서로 자주 연락도 하고, 방학이 되면 도서관에 가서 함께 방학 숙제를 했다.

1 윗글의 ㉠, ㉡의 뜻을 가진 낱말을 써 보세요.

(1) ㉠: [ㅇ][ㅎ]

(2) ㉡: [ㅈ][ㅎ]

2 다음 질문의 답으로 알맞은 그림을 찾아 선으로 이어 보세요.

(1) 3월이 되면 어떤 기억이 떠오를까? •

• ㉮ 

(2) 방학 때마다 유빈이와 함께 가는 곳은 어디일까? •

• ㉯ 

우리말 속담

배움길에는 지름길이 없다

🔍 배움은 오래 걸리는 것이니 꾸준히 공부해 나가야 한다는 것을 이르는 말

붙임딱지

校 학교 교

校

뜻
학교

소리
교

↳ 학생을 교육하는 기관

校	木	十			
학교 교	학교 교				

校는 나무와 다리를 엇걸고 앉아 있는 사람을 본뜬 한자야.
나무가 바르게 자라도록 하기 위해서는 나무를 매어서 바로잡듯이,
학생들을 바로잡아 가르치는 곳이 학교라는 의미야.

'교(校)'가 사용된 낱말에는 이런 것들이 있어요.

'교(校)'가 사용된 위의 낱말 중 다음 뜻에 맞는 낱말은 무엇인지 써 보세요.

1 학교를 상징하는 노래를 말해요.　　→

2 아침에 학교에 가는 것을 말해요.　　→

3 학생들에게 공부를 가르치는 곳을 말해요.　　→

4 학교에서 학생들이 입도록 정한 옷을 말해요.　　→

1 '교(教)'가 들어간 보기의 낱말 중 빈칸에 알맞은 낱말을 골라 써 보세요.

보기

등교   학교

(1) 우리 ☐☐ 정문 앞에는 횡단보도가 있다.

(2) 지각하지 않기 위해 아침에 일찍 일어나 ☐☐ 준비를 했다.

2 다음 문장에 어울리는 낱말을 골라 ○표 하세요.

(1) 수호는 새로 산 (교가 / 교복)을/를 입고 거울을 보았다.

(2) 우리 학교 (교가 / 교복)은/는 노랫말이 쉬워서 금방 외울 수 있다.

쓰기 활동

3 다음 낱말을 넣어 그림에 어울리는 문장을 써 보세요.

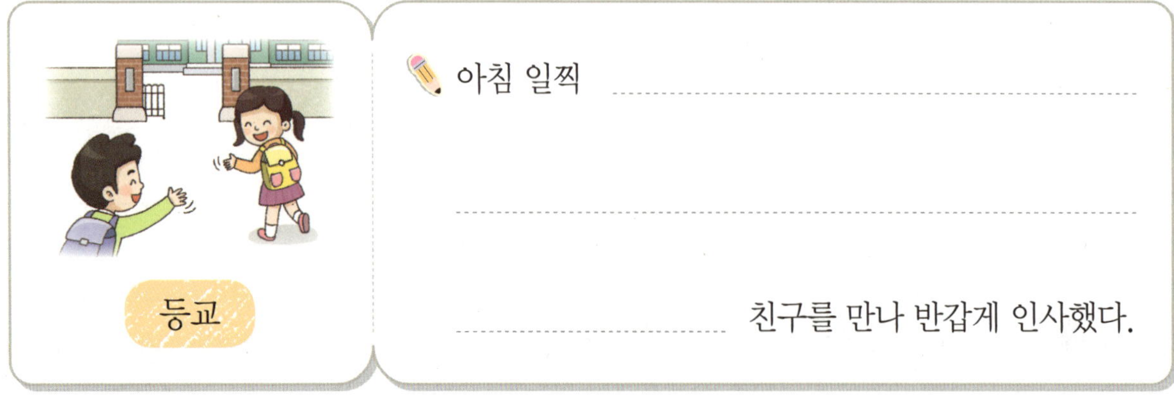

다음 글을 읽고 문제를 풀어 보세요.

> 올해 중학생이 되는 언니가 새 옷을 입고, 등교할 날이 기다려진다고 말하며 웃었다.
>
> "엄마, 나도 언니처럼 멋진 새 옷을 갖고 싶어요."
>
> 엄마께서는 웃으시며 "너도 중학생이 되면 ㉠학교에서 입도록 정한 옷을 사 줄게."라고 말씀하셨다.
>
> 그리고 언니는 "너도 우리 학교에 입학하면 내가 우리 ㉡학교를 상징하는 노래를 가르쳐 줄게."라고 말했다.
>
> 나도 빨리 중학생이 되어서 멋진 옷을 입고 학교에 가고 싶다.

1 윗글의 ㉠, ㉡의 뜻을 가진 낱말을 써 보세요.

(1) ㉠: 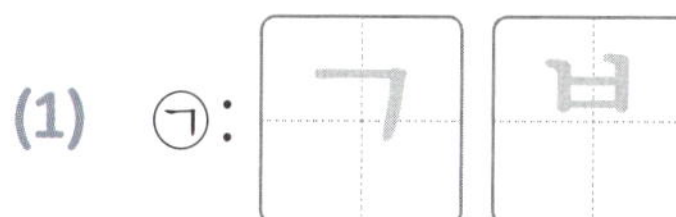

(2) ㉡: 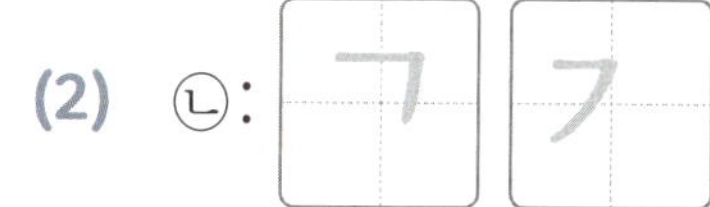

2 엄마와 언니가 '나'에게 각각 약속한 것은 무엇인지 찾아 선으로 이어 보세요.

(1) 엄마 •

(2) 언니 •

• ㉮ 

• ㉯ 

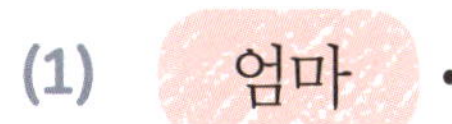

우리말 **속담**

옷이 날개라

🔍 입은 옷이 좋으면 사람이 돋보인다는 것을 이르는 말

教 가르칠 교

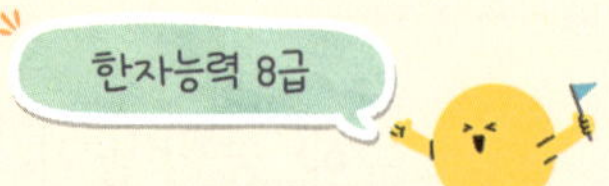

教

뜻: 가르칠 소리: 교

지식이나 기술을 깨닫게 하거나 익히게 함.

教	孝	✗			
가르칠 교	가르칠 교				

유래

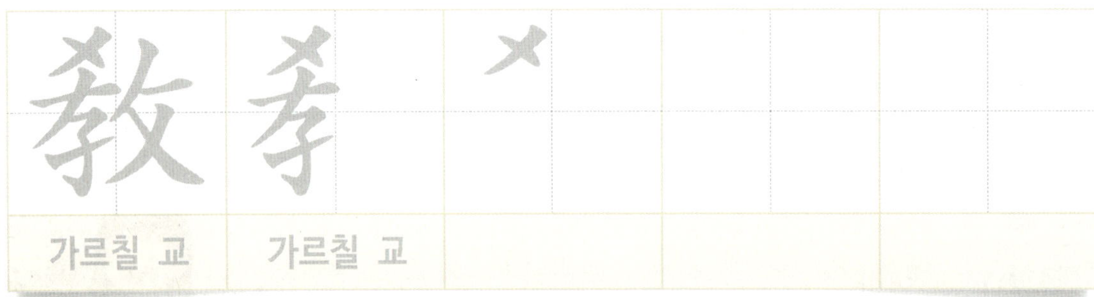

教는 선생님이 회초리를 들고 산수하는 학생을 가르치는 모습을 본뜬 한자야.
회초리를 들어서라도 아이가 올바른 길로 갈 수 있도록 한다는 뜻이야.

💡 '교(敎)'가 사용된 낱말에는 이런 것들이 있어요.

✏️ '교(敎)'가 사용된 위의 낱말 중 다음 뜻에 맞는 낱말은 무엇인지 써 보세요.

1 지식이나 기술을 가르치는 일을 말해요. →

2 학교에서 학생들을 가르치는 사람을 말해요. →

3 학교에서 어떤 과목을 가르치기 위해 필요한 책을 말해요. →

4 앞으로의 행동이나 생활에 도움이 될 만한 가르침을 말해요. →

1 다음 문장의 빈칸에 들어갈 알맞은 낱말을 찾아 선으로 이어 보세요.

(1) 수학 (   )을/를 펼치고 더하기에 대한 설명을 읽었다.

• 교훈

(2) 동화책을 읽고 친구들에게 고운 말을 해야 한다는 (   )을/를 얻었다.

• 교과서

2 '교(教)' 가 들어간 보기의 낱말 중 빈칸에 알맞은 낱말을 골라 써 보세요.

보기

교육   교사

(1) 초등학생은 학교에서 6년 동안 초등 　　　을/를 받는다.

(2) 학교에서 영어를 가르치는 외국인 　　　은/는 미국에서 왔다.

쓰기 활동

3 다음 낱말을 넣어 그림에 어울리는 문장을 써 보세요.

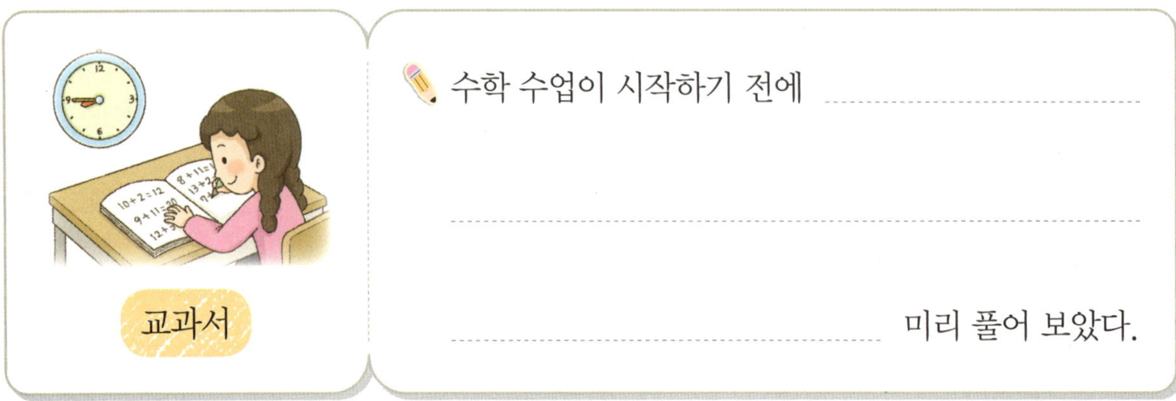

다음 글을 읽고 문제를 풀어 보세요.

> 우리에게 국어를 ㉠가르쳐 주시는 분께서 말씀하셨다.
> "교과서 40쪽의 이야기를 모두 읽었나요? 이야기를 읽은 뒤에 어떤 생각이 들었는지 발표해 보세요."
> 나는 손을 들고 대답했다.
> "이야기를 읽고 앞으로는 이렇게 행동해야겠다는 ㉡가르침을 얻었어요. 그건 우리말을 가꾸기 위해 말이나 대화를 할 때 고운 말을 써야 한다는 것이에요. 또 아름다운 우리말에 대한 교육이 더욱 다양해졌으면 좋겠다고 생각했어요."
> 선생님은 웃으시며 나를 칭찬해 주셨다.

1 윗글의 ㉠, ㉡의 뜻을 가진 낱말을 써 보세요.

(1) ㉠: ㄱ ㅅ　　　　(2) ㉡: ㄱ ㅎ

2 '나'가 교과서의 이야기를 읽고 깨달은 것을 골라 기호로 써 보세요. (　　　)

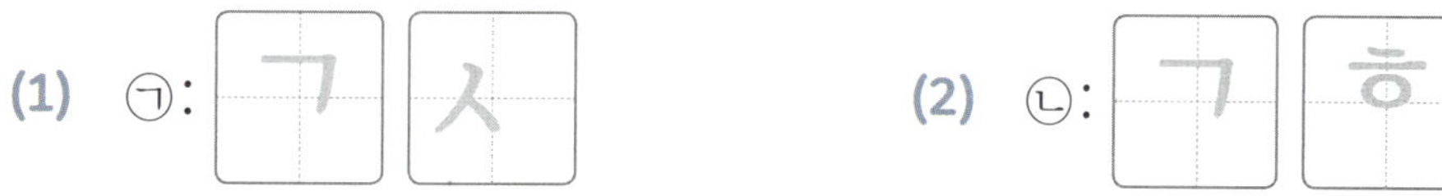

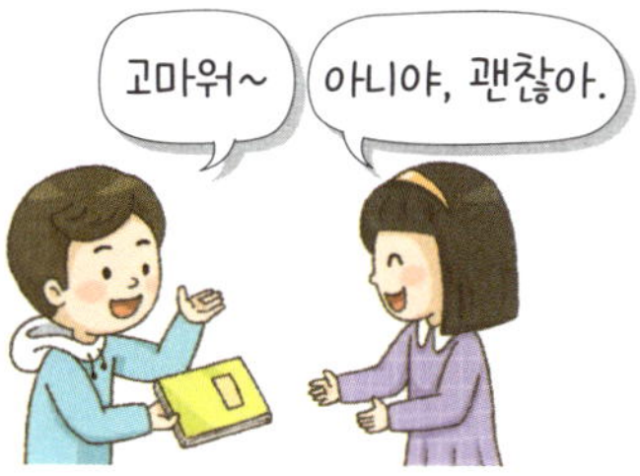

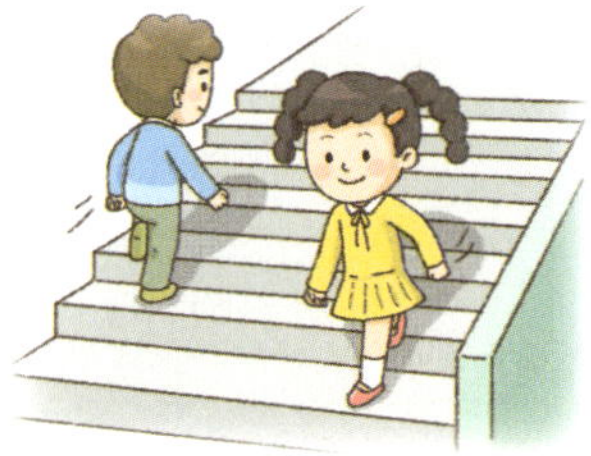

개구리 올챙이 적 생각 못 한다

🔍 형편이나 사정이 나아진 사람이 지난날 어렵던 때의 일을 생각지 아니하고 처음부터 잘난 듯이 뽐냄을 이르는 말

室 집 실

室

뜻　　　**소리**

집　　　**실**

사람이나 동물이 살기 위하여 지은 건물

室	宓			
집 실	집 실			

유래

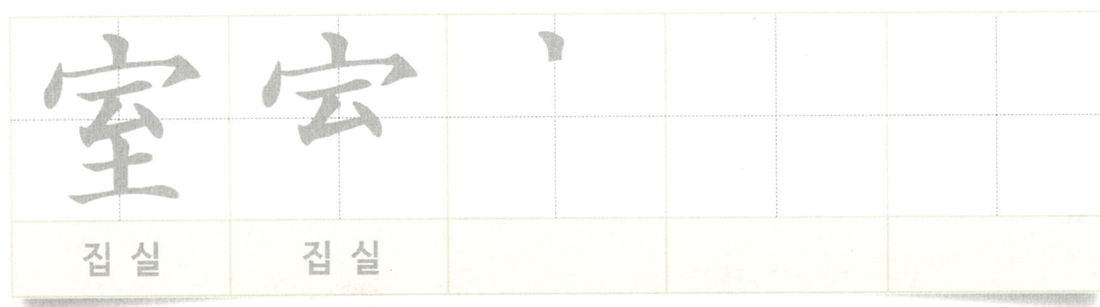

室은 집 안으로 화살이 날아와 박힌 모습을 본뜬 한자야.
화살이 집 안에 이른 것처럼 밖에서 일을 끝낸 사람이
다시 이르게 되는 곳이 집이라는 뜻이야.

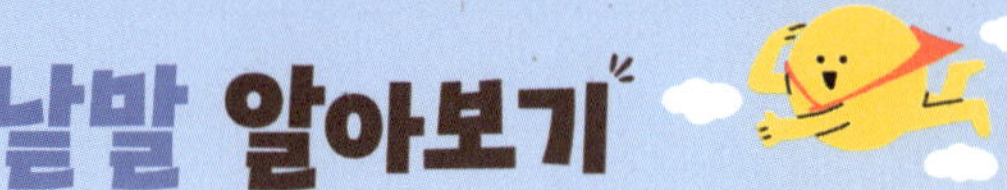

💡 '실(室)'이 사용된 낱말에는 이런 것들이 있어요.

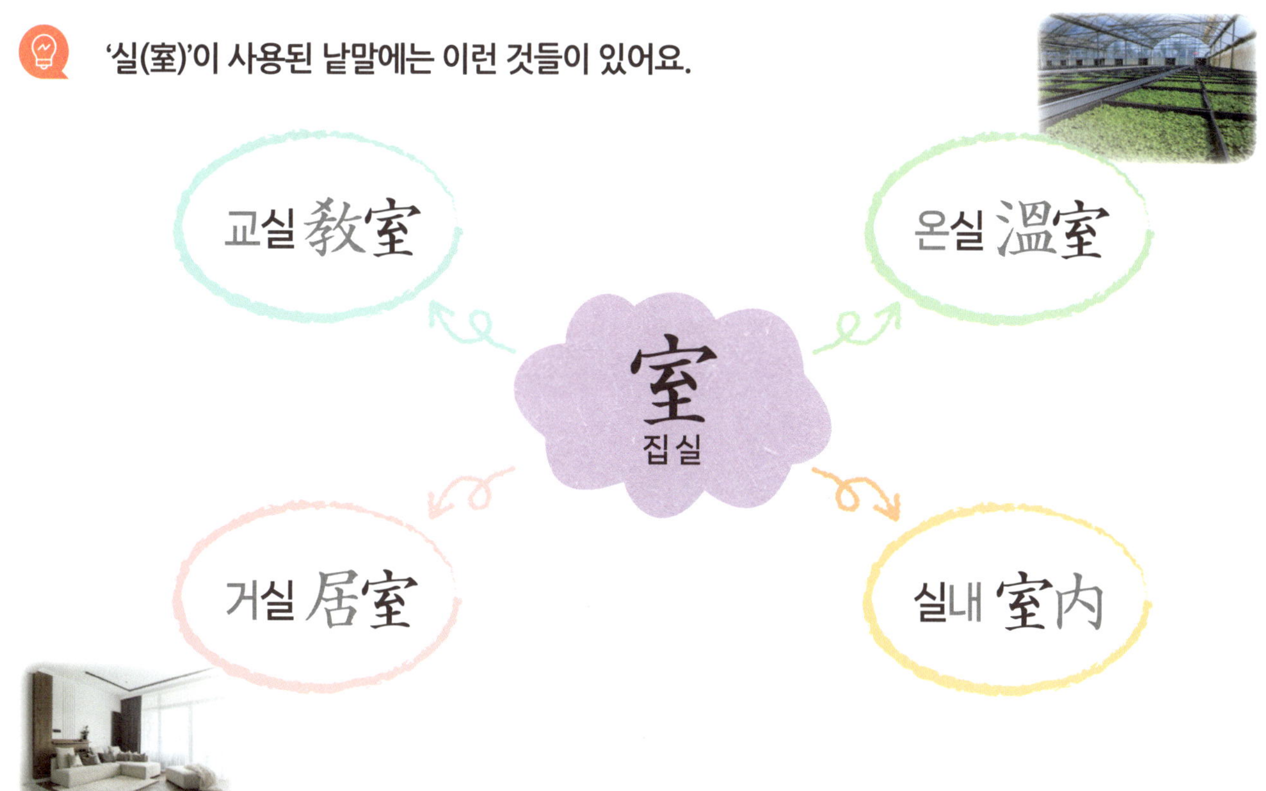

교실 敎室

온실 溫室

室
집 실

거실 居室

실내 室內

✏️ '실(室)'이 사용된 위의 낱말 중 다음 뜻에 맞는 낱말은 무엇인지 써 보세요.

1 방이나 건물의 안을 말해요. →

2 식물을 가꾸는 따뜻한 방을 말해요. →

3 가족들이 모여서 생활하는 방을 말해요. →

4 학교에서 선생님과 친구들이 모여서 공부를 하는 방을 말해요. →

1 다음 문장에 어울리는 낱말을 골라 ○표 하세요.

(1) (온실 / 교실)은 온도가 따뜻해서 사계절 내내 꽃을 볼 수 있다.

(2) 우리 가족은 주말에 집의 (교실 / 거실)에 모여서 영화를 보았다.

2 다음 문장의 빈칸에 들어갈 알맞은 낱말을 찾아 색칠해 보세요.

(1) 운동장은 실외이고, 교실은 [   ]이다.

실내   거실

(2) 선생님께서 [   ]에 들어오시자 아이들이 갑자기 조용해졌다.

온실   교실

3 다음 낱말을 넣어 그림에 어울리는 문장을 써 보세요.

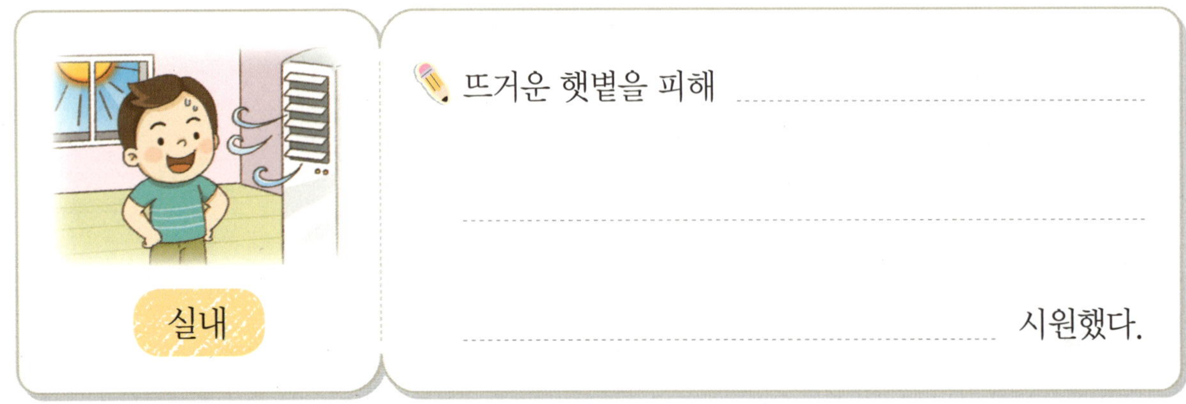

✏️ 뜨거운 햇볕을 피해 ______________________________

____

______________________________________ 시원했다.

다음 글을 읽고 문제를 풀어 보세요.

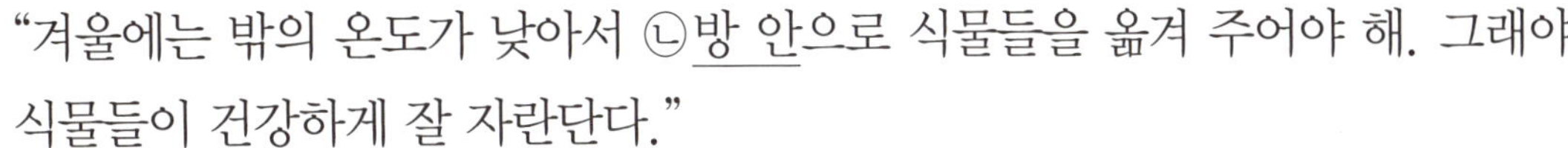

　학교를 마치고 집에 돌아오니 마당에 있던 화분들이 우리 ㉠가족이 모여서 생활하는 방에 놓여 있었다.
　나는 엄마께 여쭈어보았다.
　"우리 집이 꼭 온실 같아요. 왜 화분을 옮기셨어요?"
　엄마께서는 대답하셨다.
　"겨울에는 밖의 온도가 낮아서 ㉡방 안으로 식물들을 옮겨 주어야 해. 그래야 식물들이 건강하게 잘 자란단다."
　엄마의 말씀을 듣고 나니 문득 청소를 하면서 교실 창 밖에 두고 온 화분이 떠올라 걱정이 되었다.

1　윗글의 ㉠, ㉡의 뜻을 가진 낱말을 써 보세요.

(1)　㉠: [　ㄱ　][　ㅅ　]　　　　(2)　㉡: [　ㅅ　][　ㄴ　]

2　'엄마께서 화분을 옮겨 놓으신 장소를 골라 기호로 써 보세요.　　（　　　）

㉠

㉡

온실 속의 화초

🔍 어려움이나 고난을 겪지 않고 곱게만 자란 사람을 비유적으로 이르는 말

先

뜻   **소리**

먼저   선

시간적으로나 순서상으로 앞선 때

先	ㅗ	ノ			
먼저 선	먼저 선				

유래

 → 芿 → 先

先은 사람보다 발자국이 앞서 나가는 모습을 본뜬 한자야.
그래서 先은 '먼저'나 '미리'라는 뜻을 가지고 있어.

'선(先)'이 사용된 낱말에는 이런 것들이 있어요.

선배 **先輩**

선생 **先生**

先
먼저 선

선조 **先祖**

우선 **于先**

'선(先)'이 사용된 위의 낱말 중 다음 뜻에 맞는 낱말은 무엇인지 써 보세요.

1 아주 먼 윗대의 조상을 말해요. →

2 학생을 가르치는 사람을 말해요. →

3 어떤 일보다 앞서는 것을 말해요. →

4 학교에 먼저 입학하거나 직장에서 지위가 앞선 사람을 말해요. →

1 다음 문장에 어울리는 낱말을 골라 ○표 하세요.

(1) 2월에 우리 학교 6학년 (우선 / 선배)들이 졸업을 한다.

(2) 수업 시작을 알리는 종이 울리자 (선조 / 선생)님께서 교실 안으로 들어오셨다.

2 '선(先)'이 들어간 보기의 낱말 중 빈칸에 알맞은 낱말을 골라 써 보세요.

보기

선조   우선

(1) 종이접기 수업이 시작하기 전에 [ ][ ] 색종이를 준비한다.

(2) 첨성대는 우리 [ ][ ] 이/가 남긴 자랑스러운 세계 문화유산이다.

쓰기 활동

3 다음 낱말을 넣어 그림에 어울리는 문장을 써 보세요.

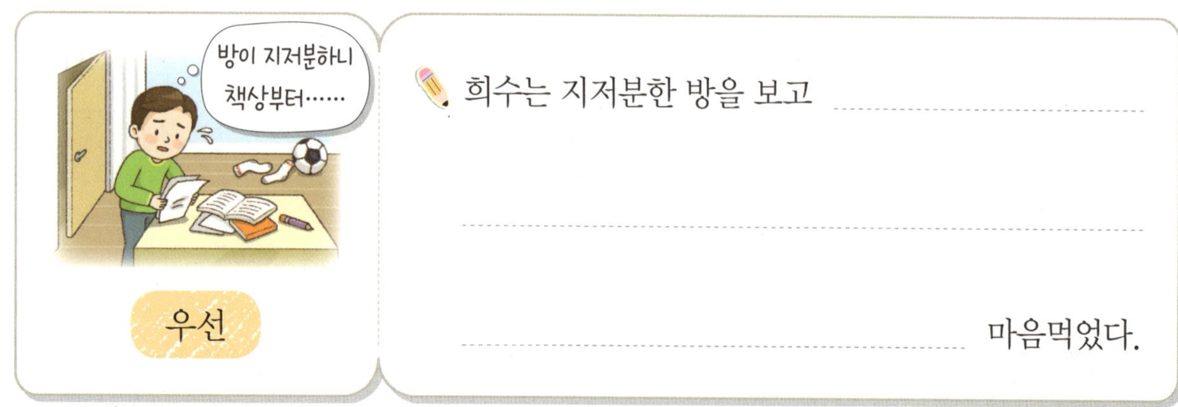

📖 다음 글을 읽고 문제를 풀어 보세요.

　지난주에 선생님께서 우리 고장 문화유산을 조사해 오라는 과제를 내 주셨다. 나는 우선 우리 고장의 문화유산에는 무엇이 있는지 찾아보았다. 그중 내 관심을 끈 것은 수원 화성이었다. 나는 ㉠우리 학교에 먼저 입학한 형의 도움을 받아 함께 수원 화성을 조사하러 갔다.

　수원 화성은 정조가 건축을 계획하고 정약용이 서양식 건축 기술을 이용해 만들었는데, 그 모습이 아름다워 유네스코 세계 문화유산으로 등재되어 있다. 수원 화성을 직접 보니 과학적 원리를 응용해 큰 성을 건축한 ㉡먼 윗대의 조상들의 지혜를 느낄 수 있었다.

1 윗글의 ㉠, ㉡의 뜻을 가진 낱말을 써 보세요.

(1) ㉠ : ㅅ ㅂ   (2) ㉡ : ㅅ ㅈ

2 윗글의 내용으로 알맞은 것은 ○, 알맞지 <u>않은</u> 것은 X표 하세요.

(1) 수원 화성은 정조가 건축을 계획했다. （ ○ ┊ × ）

(2) 정약용은 서양식 건축 기술을 응용해서 수원 화성을 건축했다. （ ○ ┊ × ）

(3) 수원 화성은 유네스코 세계 문화유산에 등재되기 위해 준비 중이다. （ ○ ┊ × ）

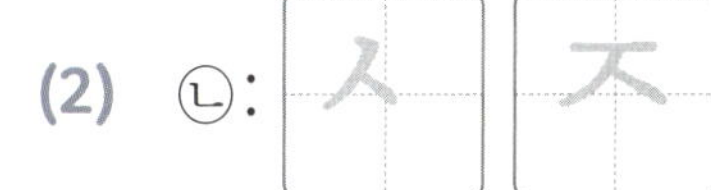

우리말 **속담**

우선 먹기는 곶감이 달다

🔍 앞일은 생각하지 않고 당장 눈앞의 좋은 것만 가지려는 경우를 비유적으로 이르는 말

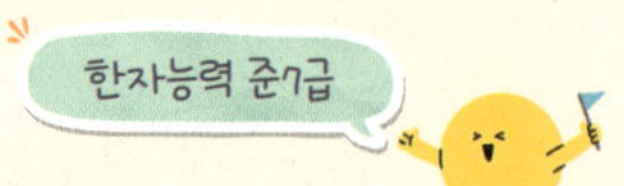

直

뜻   **소리**

곧을   직

굽거나 삐뚤어지지 않고 똑바름.

直	自				
곧을 직	곧을 직				

유래

直은 눈 위에 직선 한 개를 그어 놓은 모습을 본뜬 한자야.
눈 위에 직선을 그려 눈이 기울어지지 않고, 시선이 곧다는 뜻이야.

'직(直)'이 사용된 낱말에는 이런 것들이 있어요.

'직(直)'이 사용된 위의 낱말 중 다음 뜻에 맞는 낱말은 무엇인지 써 보세요.

1 곧게 나아감을 말해요. →

2 똑바로 드리우는 상태를 말해요. →

3 꺾이거나 굽은 데가 없는 곧은 선을 말해요. →

4 중간에 아무것도 끼어들지 않고 바로 연결되는 것을 말해요. →

1 다음 문장의 빈칸에 들어갈 알맞은 낱말을 찾아 선으로 이어 보세요.

(1) 직업 체험관에 가서 (　　　　) 빵을 만들었다.　　·

· 직진

(2) 우리 집에서 앞으로 나아가 (　　　　) 하면 공원이 있다.　　·

· 직접

2 다음 문장의 빈칸에 들어갈 알맞은 낱말을 찾아 색칠해 보세요.

(1) 두 [　　　] 이 평행하게 나아가고 있다.

　　직진　　　　직선

(2) 폭포는 [　　　] 상태로 떨어지고 있다.

　　직접　　　　수직

쓰기 활동

3 다음 낱말을 넣어 그림에 어울리는 문장을 써 보세요.

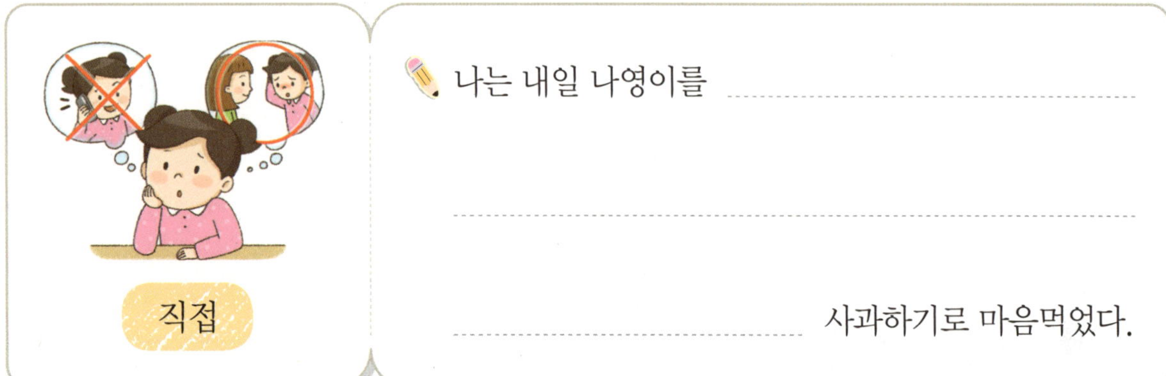

✏ 나는 내일 나영이를 _______________

____

_________________ 사과하기로 마음먹었다.

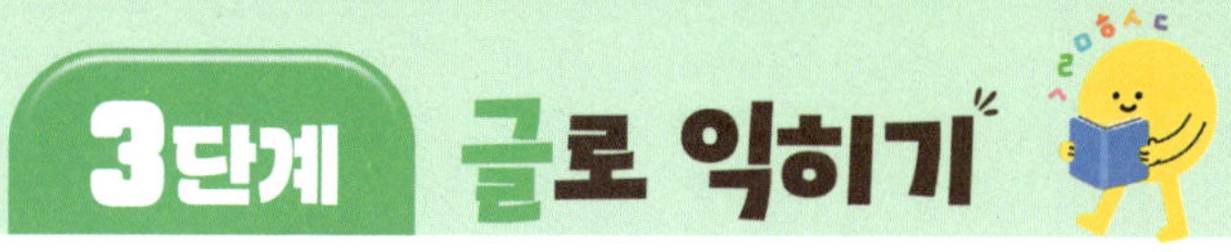

📖 다음 글을 읽고 문제를 풀어 보세요.

오늘 수학 시간에 도형에 대해 배웠다. ㉠꺾이거나 굽은 데가 없는 곧은 선이 두 개가 만나 이루는 90도의 각을 직각이라고 하고, 네 개의 직각이 있는 사각형을 직각사각형이라고 한다. 나는 자로 직접 공책에 직각 등을 그려 보았다.

그런데 짝꿍인 하연이가 갑자기 몸으로 직각을 표현한다면서 칠판 앞으로 ㉡곧게 나아가더니 수직으로 세웠던 허리를 90도로 굽히다 앞으로 넘어졌다. 그 모습이 재미있어서 선생님과 우리들은 크게 웃었다.

1 윗글의 ㉠, ㉡의 뜻을 가진 낱말을 써 보세요.

(1) ㉠: ㅈ　ㅅ　　　　(2) ㉡: ㅈ　ㅈ

2 윗글의 내용으로 알맞은 것은 ○, 알맞지 않은 것은 X표 하세요.

(1) 직각사각형은 세 개의 직각으로 이루어져 있다.   (○ ┊ ×)

(2) 두 직선이 만나 이루는 각이 90도가 넘으면 직각이 아니다.   (○ ┊ ×)

우리말 관용어

허리를 잡다

🔍 웃음을 참을 수 없어 고꾸라질 듯이 마구 웃는다는 말

한자 놀이

빈칸에 공통으로 들어갈 알맞은 한자를 들고 있는 동물 친구를 찾아 동그라미 하세요.

자연

<table>
<tr><td>01</td><td>山 메 산</td><td>산천 산촌 산성 등산</td></tr>
<tr><td>02</td><td>海 바다 해</td><td>해안 해양 해녀 해풍</td></tr>
<tr><td>03</td><td>江 강 강</td><td>강산 강촌 강변 강호</td></tr>
<tr><td>04</td><td>白 흰 백</td><td>백지 백기 백미 백군</td></tr>
<tr><td>05</td><td>靑 푸를 청</td><td>청자 청색 청산 청소년</td></tr>
<tr><td>06</td><td>電 번개 전</td><td>전기 충전 전화 전구</td></tr>
</table>

山 메 산

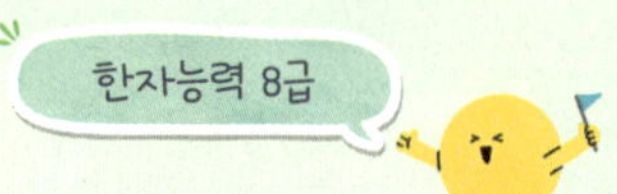

山

뜻 메   **소리** 산

'산'을 예스럽게 이르는 말

山	山	ㅣ			
메 산	메 산				

유래

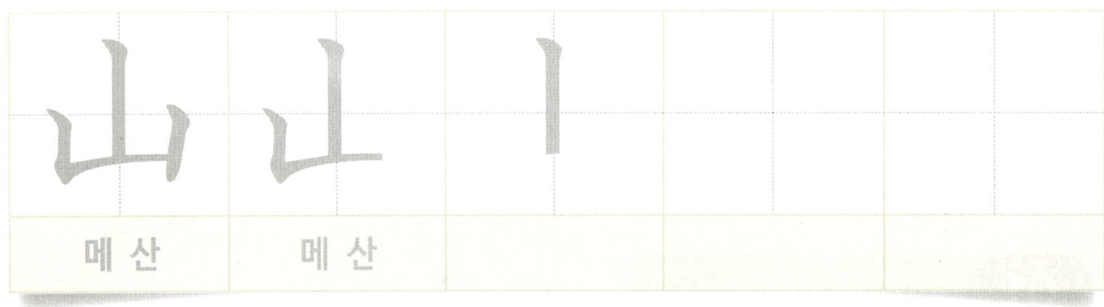

山은 땅 위에 산봉우리들이 모여 있는 모습을 본뜬 한자야.
그래서 산에 산봉우리들이 모여 있는 것처럼,
물건이 아주 많이 쌓여 있을 때 '산을 이룬다.'라고 말하기도 해.

'산(山)'이 사용된 낱말에는 이런 것들이 있어요.

'산(山)'이 사용된 위의 낱말 중 다음 뜻에 맞는 낱말은 무엇인지 써 보세요.

1 산에 오르는 것을 말해요. →

2 산 위에 쌓은 성을 말해요. →

3 산속에 있는 마을을 말해요. →

4 산과 냇물이라는 뜻으로, '자연'을 말해요. →

1 다음 문장의 빈칸에 들어갈 알맞은 낱말을 찾아 선으로 이어 보세요.

(1) 우리 가족은 한 달에 한 번 (   )을 한다. •

• 산천

(2) 봄이 오니 개나리꽃이 피어 (   )이 노란색으로 물들었다. •

• 등산

2 다음 문장의 빈칸에 들어갈 알맞은 낱말을 찾아 색칠해 보세요.

(1) 돌로 지어진 [   ]을 따라서 우리는 산에 오르기 시작했다.

산천   산성

(2) 할머니께서는 산속에 있는 작은 [   ] 마을에서 태어나셨다.

등산   산촌

쓰기 활동

3 다음 낱말을 넣어 그림에 어울리는 문장을 써 보세요.

✏️ 옛날에는 산에 ________________________

____

____________________ 적군의 공격을 막았다.

다음 글을 읽고 문제를 풀어 보세요.

　　지난 주말에 아빠와 함께 ㉠산에 올랐다. 조금 오르다 보니 산성이 나와서 옆으로 난 길을 따라 걷기도 했다. 봄이 되어 산천이 다양한 꽃으로 물든 모습을 보니 탄성이 나왔다. 올라갈수록 숨이 차고 힘들었지만 산꼭대기에 오르고 나니 기분이 무척 상쾌했다. 정상에서 산 아래를 내려다보니 ㉡산속에 옹기종기 집들이 모여 있는 마을이 보였다. 그 마을에는 누가 사는지 궁금한 마음이 들었다.

1 윗글의 ㉠, ㉡의 뜻을 가진 낱말을 써 보세요.

(1) ㉠: ［ ㄷ ］［ ㅅ ］　　　　(2) ㉡: ［ ㅅ ］［ ㅊ ］

2 윗글에서 '나'와 아빠가 산에 오른 계절을 찾아 기호로 써 보세요.　　（　　　　）

㉠	㉡	㉢	㉣

봄	여름	가을	겨울

우리말 속담

겨울이 지나지 않고 봄이 오랴

🔍 세상일에는 일정한 순서가 있으므로, 급하다고 억지로 할 수 없음을 이르는 말

붙임딱지

海 바다 해

海

뜻	소리
바다	해

지구 위에서 육지를 제외한, 짠물이 괸 넓은 부분

海	氵	氵			
바다 해	바다 해				

유래

 →  → 海

海는 흐르는 물과 비녀를 꽂은 어머니의 모습을 본뜬 한자야.
옛날에는 바다를 '여성'에 비유하곤 했어.
海는 이러한 생각이 반영되어 만들어진 한자야.

1단계 낱말 알아보기

 '해(海)'가 사용된 낱말에는 이런 것들이 있어요.

해안 海岸

해양 海洋

海
바다 해

해녀 海女

해풍 海風

'해(海)'가 사용된 위의 낱말 중 다음 뜻에 맞는 낱말은 무엇인지 써 보세요.

1 넓고 큰 바다를 말해요. → ☐☐

2 바다와 땅이 맞닿은 부분을 말해요. → ☐☐

3 바다에서 땅으로 불어오는 바람을 말해요. → ☐☐

4 바닷속에 들어가 해산물을 따는 일을 직업으로 하는 여자를 말해요. → ☐☐

1 '해(海)'가 들어간 **보기**의 낱말 중 빈칸에 알맞은 낱말을 골라 써 보세요.

보기

해녀   해풍

(1) 비와 함께 ☐☐이/가 세게 몰아치고 있다.

(2) ☐☐들이 전복을 따기 위해 바닷속으로 들어갔다.

2 다음 문장에 어울리는 낱말을 골라 ○표 하세요.

(1) 지구에서 가장 넓고 큰 (해양 / 해풍)은 태평양이다.

(2) 우리 가족은 (해녀 / 해안)에 앉아서 모래성을 쌓았다.

쓰기 활동

3 다음 낱말을 넣어 그림에 어울리는 문장을 써 보세요.

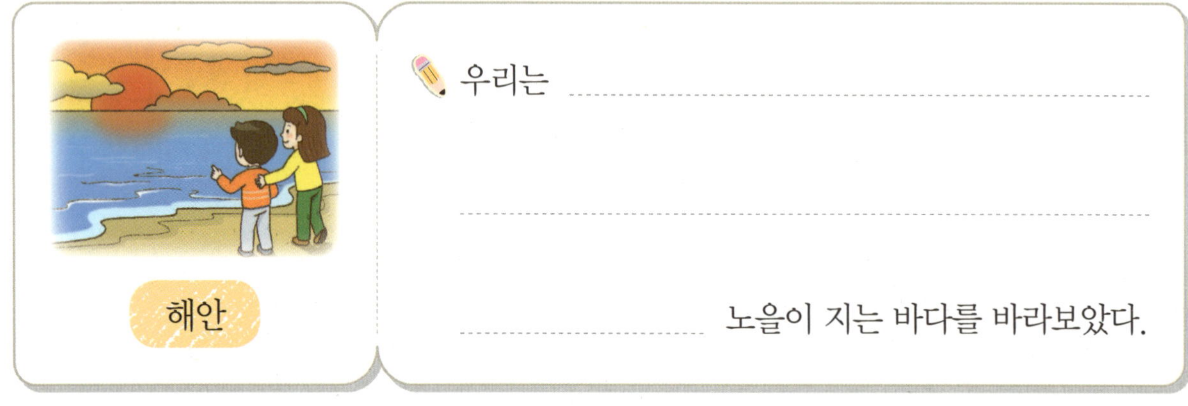

✏️ 우리는 ____________________

____

____________ 노을이 지는 바다를 바라보았다.

다음 글을 읽고 문제를 풀어 보세요.

　　지난주에 가족들과 제주도로 여행을 갔다. 바다를 구경하는데 해안 근처에서 까만 잠수복을 입고 바다로 들어가는 사람들을 보고 궁금한 마음이 들어서 아버지께 여쭈어보았다. 아버지께서 그들은 바닷속에서 전복이나 미역 같은 해산물을 따는 해녀라고 말씀해 주셨다. 해산물은 ㉠넓고 큰 바다에서 배를 이용해 잡는 줄로만 알았는데 사람이 직접 바닷속에 들어가 해산물을 따 오기도 한다는 것을 듣고 신기했다. 그런데 갑자기 ㉡바다에서 땅으로 부는 바람이 일었다. 나는 해녀들이 괜찮을지 걱정이 되었지만 금세 바다 위로 고개를 내민 해녀들이 손을 흔드는 것을 보고 안심했다.

1 윗글의 ㉠, ㉡의 뜻을 가진 낱말을 써 보세요.

(1) ㉠ : ㅎ ㅇ

(2) ㉡ : ㅎ ㅍ

2 일이 일어난 순서대로 기호를 써 보세요. (　　　→　　　→　　　→　　　)

㉠ 해녀를 직접 보고 신기해 함.
㉡ 무사한 해녀들을 보고 안심함.
㉢ 가족들과 함께 제주도로 여행을 가서 바다를 구경함.
㉣ 바다에서 땅으로 바람이 불어서 바닷속에 있는 해녀를 걱정함.

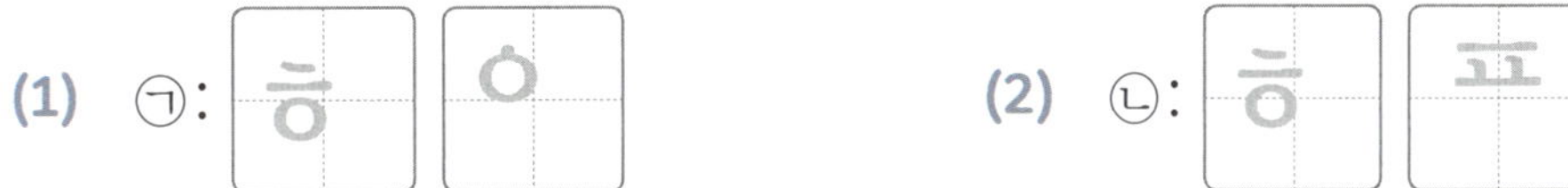

우리말 속담

바다는 메워도 사람의 욕심은 못 채운다

🔍 사람의 욕심은 끝이 없어 채울 수 없다는 말

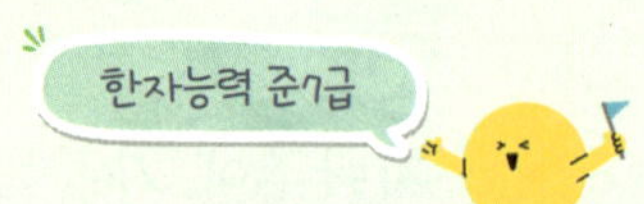

공부한 날
월   일

江

뜻   **소리**

강   강

넓고 길게 흐르는 큰 물줄기

江은 흐르는 물과 땅을 단단하게 만드는 도구인 달구의 모습을 본뜬 한자야.
江은 원래 중국의 양쯔강을 가리키는 한자였는데,
시간이 지나면서 지금은 큰 물길을 의미하는 데 쓰이고 있어.

정답과 해설 • 06쪽

'강(江)'이 사용된 낱말에는 이런 것들이 있어요.

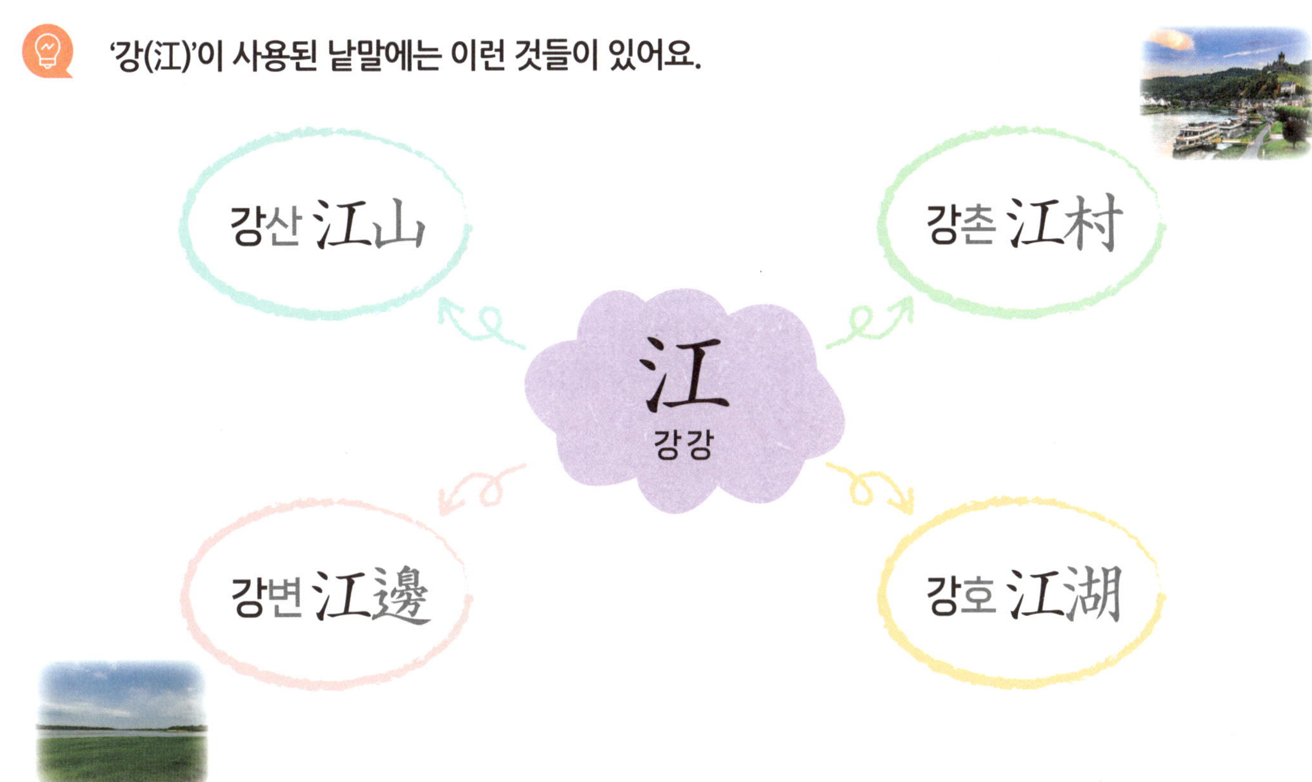

'강(江)'이 사용된 위의 낱말 중 다음 뜻에 맞는 낱말은 무엇인지 써 보세요.

1 강과 호수를 함께 말해요. →
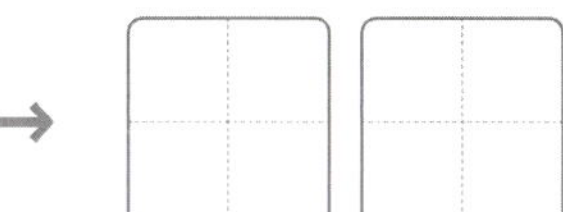

2 강가에 있는 마을을 말해요. →
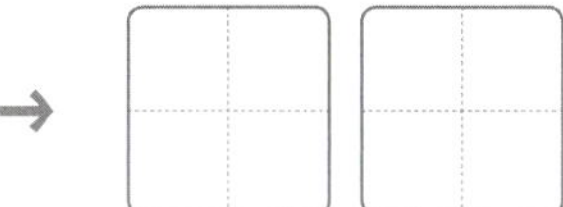

3 강의 가장자리에 잇닿아 있는 땅을 말해요. →
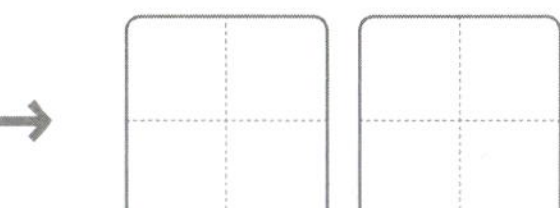

4 강과 산이라는 뜻으로, 자연의 경치를 말해요. →
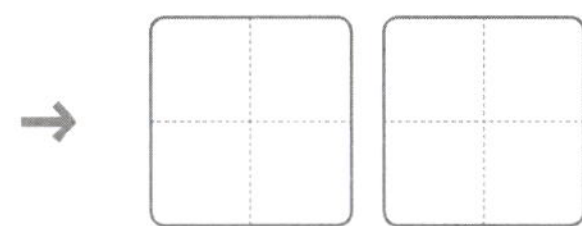

1 다음 문장의 빈칸에 들어갈 알맞은 낱말을 찾아 선으로 이어 보세요.

(1) 시원한 강바람을 맞으며 (   ) 에서 자전거를 탔다. ·

· 강산

(2) 산에 나무를 많이 심으면 우리나라의 (   )이 더욱 아름답게 될 것이다. ·

· 강변

2 '강(江)'이 들어간 보기의 낱말 중 빈칸에 알맞은 낱말을 골라 써 보세요.

보기

강호   강촌

(1) ☐☐ 위로 물결이 달빛을 비추어 반짝거렸다.

(2) 여름 방학이 되면 외할머니 댁인 ☐☐ 마을에 가기로 했다.

3 다음 낱말을 넣어 그림에 어울리는 문장을 써 보세요.

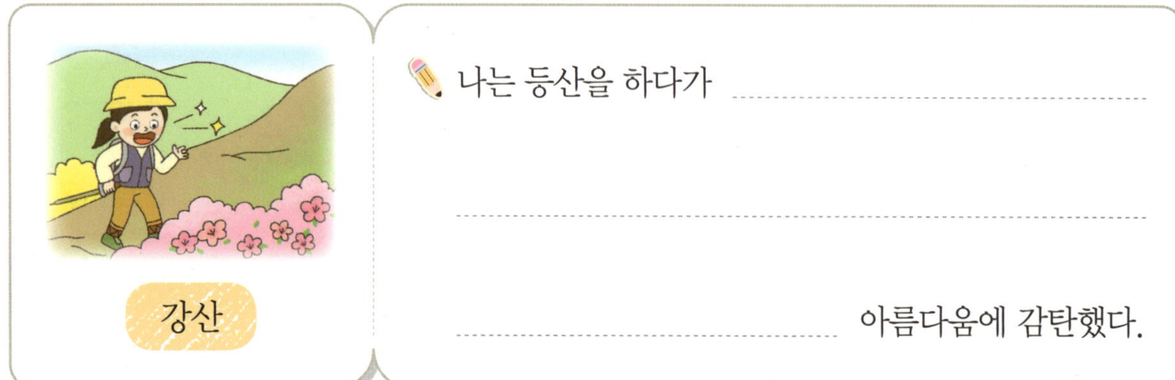

✏ 나는 등산을 하다가 _________________________

____

_________________ 아름다움에 감탄했다.

📖 다음 글을 읽고 문제를 풀어 보세요.

> 강산이 개나리와 진달래로 물든 아름다운 봄날, 가족들과 강변으로 산책을 갔다. 강변을 따라 걸으며 강물 속에서 움직이는 큰 붕어를 발견했다. 붕어는 바쁜 듯이 지느러미를 이리저리 움직였다.
> "아빠, 지난번에도 호수에서 붕어를 보았죠?"
> "맞아. 붕어는 ㉠강과 호수에 사는 물고기란다."
> 조금 더 걸어가니 ㉡강가에 있는 마을이 보였다. 가까이 가 보니 마을에 사는 아이들이 연을 날리고 있었다. 그 아이들이 너무 신나게 놀고 있어서 나도 함께 연을 날리고 싶다는 생각을 했다.

1 윗글의 ㉠, ㉡의 뜻을 가진 낱말을 써 보세요.

(1) ㉠: ㄱ ㅎ　　　(2) ㉡: ㄱ ㅊ

2 산책을 하며 본 것을 모두 찾아 기호로 써 보세요. (　　　)

㉠ 　㉡ 　㉢ 　㉣ 

우리말 **속담**

십 년이면 강산도 변한다

🔍 세월이 흐르면 모든 것이 변한다는 것을 이르는 말

붙임딱지

白 흰 백

白

뜻	소리
흰	백

눈이나 우유의 빛깔과 같이 밝고 선명함.

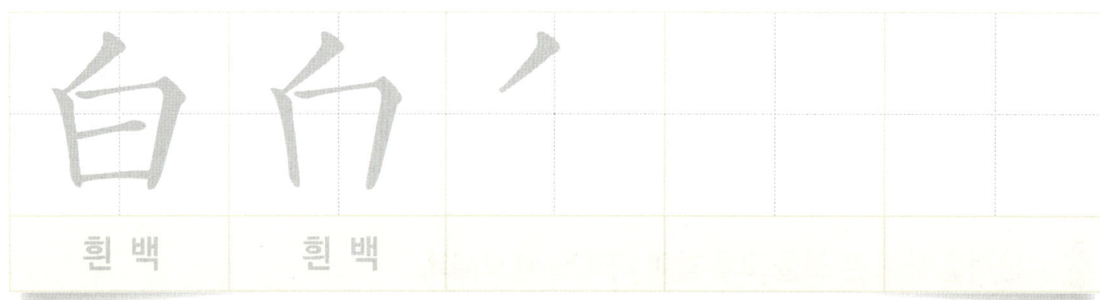

白	白	`		
흰 백	흰 백			

유래

 →  → 

白은 빛나는 촛불의 모습을 본뜬 한자야.
촛불에 불을 붙이면 밝게 빛이 나지?
그래서 白은 '희다'나 '밝다'라는 뜻이야.

'백(白)'이 사용된 낱말에는 이런 것들이 있어요.

'백(白)'이 사용된 위의 낱말 중 다음 뜻에 맞는 낱말은 무엇인지 써 보세요.

1 흰 쌀을 말해요. →

2 하얀색의 깃발을 말해요. →

3 아무것도 쓰지 않은 하얀 종이를 말해요. →

4 운동회에서 두 편을 나눌 때 하얀 쪽의 편을 말해요. →

1 다음 문장에 어울리는 낱말을 골라 ○표 하세요.

(1) 동생은 (백미 / 백기)로 지은 밥을 더 좋아한다.

(2) 공 굴리기 경기에서 청군은 파란색 공을, (백군 / 백지)은/는 하얀색 공을 굴렸다.

2 다음 문장의 빈칸에 들어갈 알맞은 낱말을 찾아 색칠해 보세요.

(1) 백군은 [   ]를 휘날리며 응원하였다.

| 백기 | 백미 |

(2) 나는 깨끗한 [   ]에 겨울 방학에 하고 싶은 일들을 적어 보았다.

| 백지 | 백군 |

3 다음 낱말을 넣어 그림에 어울리는 문장을 써 보세요.

✏️ 선생님께서 ___________________________________

____

_____________________ 글짓기를 하라고 말씀하셨다.

다음 글을 읽고 문제를 풀어 보세요.

오늘은 운동회 날이다. 어머니께서 아침에 내가 좋아하는 ㉠흰 쌀로 김밥을 만들어 주셔서 배부르게 먹고 집을 나섰다.

운동장에 도착하니 큰 백지에 청군과 백군이라는 글자가 쓰여 있었다. 나는 백군 쪽으로 가서 ㉡하얀색의 깃발을 들고 응원했다. 모든 경기가 재밌었지만 가장 흥미진진했던 것은 줄다리기였다. 나는 가장 앞에서 힘껏 줄을 당겼다. 쉽게 결정 나지 않았던 승부는 줄다리기가 끝나기 직전에 결정됐다. 바로 우리 팀의 승리였다. 나는 너무 기뻐 하늘을 날 것 같았다.

1 윗글의 ㉠, ㉡의 뜻을 가진 낱말을 써 보세요.

(1) ㉠: | ㅂ | ㅁ |　　　　　(2) ㉡: | ㅂ | ㄱ |

2 '나'가 운동회에서 참여한 경기를 찾아 기호로 써 보세요.　　　　　(　　　　)

㉠ 

㉡

우리말 속담

백지 한 장도 맞들면 낫다

🔍 쉬운 일이라도 힘을 모아서 하면 훨씬 쉽다는 것을 이르는 말

붙임딱지

青 푸를 청

뜻 푸를   **소리** 청

↪ 깊은 바다, 풀의 빛깔과 같이 밝고 선명함.

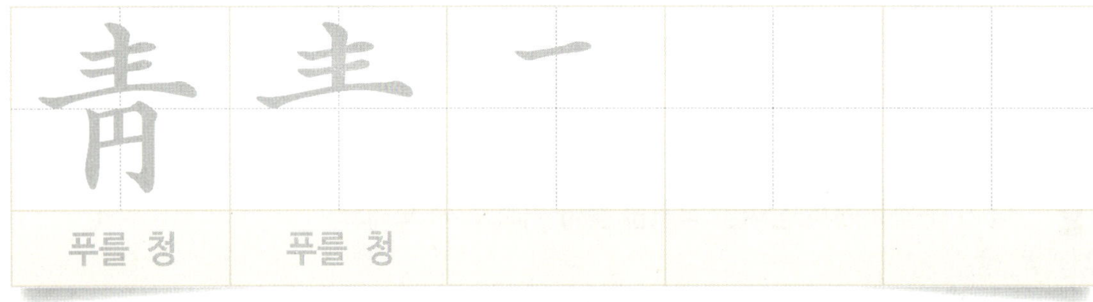

青	青	一		
푸를 청	푸를 청			

유래

 → 𡕥 → 青

青은 우물가에 풀이 돋아난 모습을 본뜬 한자야.
青은 우물 속의 물과 싱싱한 풀처럼 맑고 푸르다는 것을 의미해.
그래서 青은 푸르다는 것과 유사한 의미인 '젊다'라는 의미도 있어.

'청(靑)'이 사용된 낱말에는 이런 것들이 있어요.

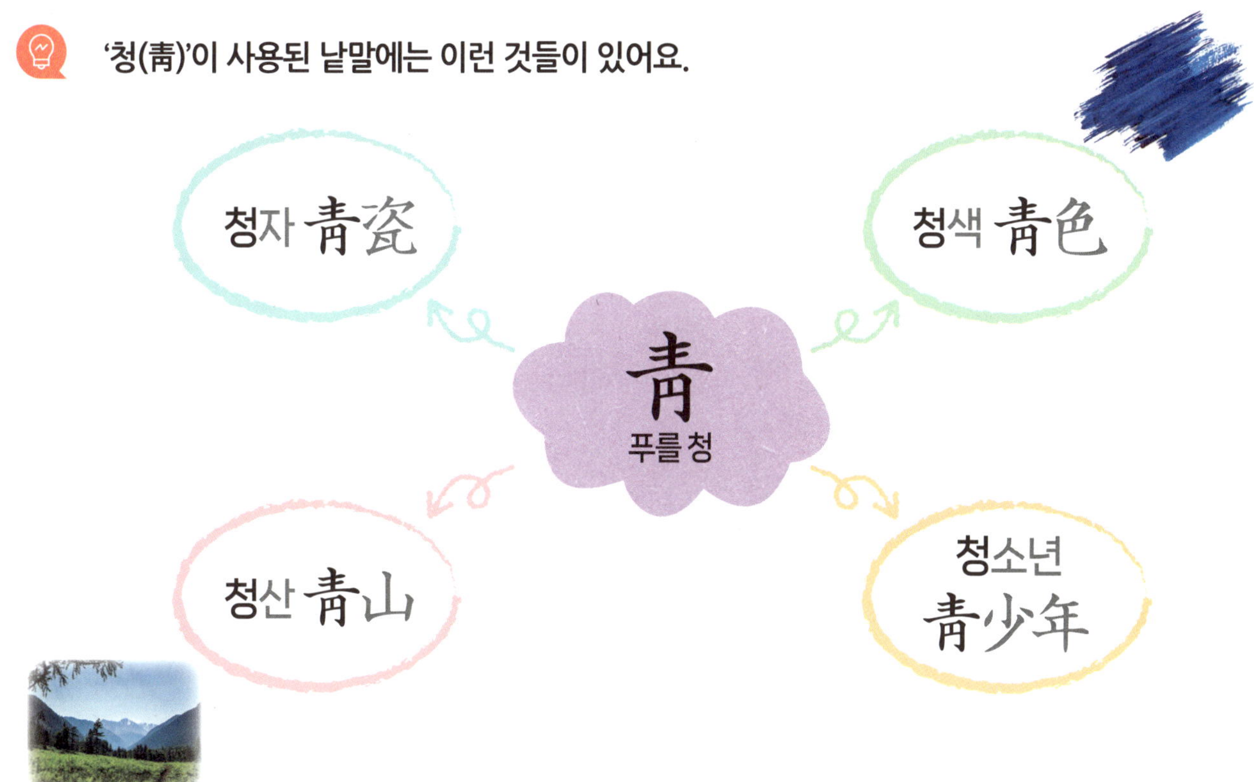

'청(靑)'이 사용된 위의 낱말 중 다음 뜻에 맞는 낱말은 무엇인지 써 보세요.

1 청년과 소년을 함께 말해요. →

2 밝고 선명한 푸른색을 말해요. →

3 풀과 나무가 무성한 푸른 산을 말해요. →

4 흙으로 빚어서 높은 온도로 구워 낸 푸른 빛깔의 그릇을 말해요. →

1 다음 문장에 어울리는 낱말을 골라 ○표 하세요.

(1) 이것은 내가 가장 좋아하는 (청색 / 청산) 바지이다.

(2) 성장기 (청소년 / 청자)은/는 풍부한 영양소를 섭취해야 한다.

2 '청(靑)'이 들어간 보기의 낱말 중 빈칸에 알맞은 낱말을 골라 써 보세요.

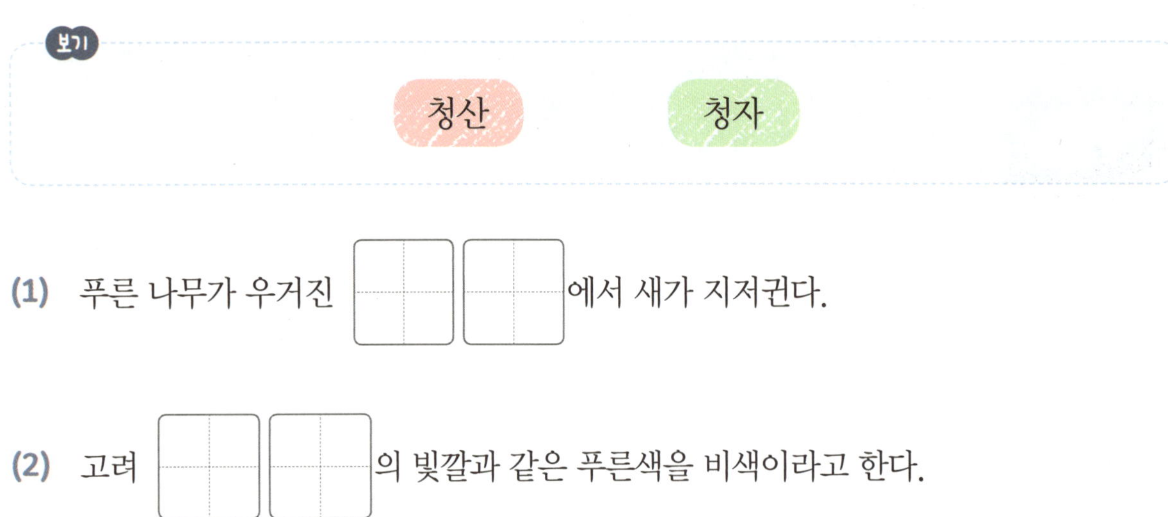

(1) 푸른 나무가 우거진 ☐☐ 에서 새가 지저귄다.

(2) 고려 ☐☐ 의 빛깔과 같은 푸른색을 비색이라고 한다.

쓰기 활동

3 다음 낱말을 넣어 그림에 어울리는 문장을 써 보세요.

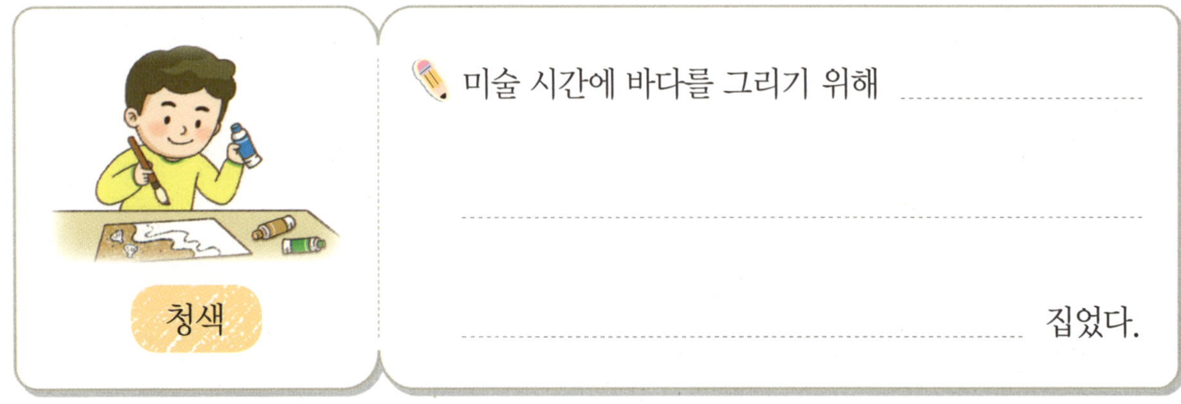

📖 다음 글을 읽고 문제를 풀어 보세요.

> 올해는 경주로 체험 학습을 갔다. 경주에 도착하니 저 멀리 ㉠나무가 무성한 푸른 산이 보였다. 학교를 벗어나 산을 보니 내 마음도 시원해졌다. 우리는 가장 먼저 불국사에 들렀다. 청색의 가을 하늘을 배경으로 한 불국사는 정말 멋졌다. 불국사가 세계 문화유산에 등재되었다는 설명을 읽고 뿌듯했다. 다음으로 국립 경주 박물관에 갔다. 박물관에서는 청소년을 위한 문화 행사가 진행 중이었다. 훌륭한 유물들이 전시돼 있었는데, 가장 인상 깊은 것은 고려 시대 때 만들어진 ㉡푸른 빛깔의 그릇이었다. 나는 도자기의 섬세한 무늬에 감탄했다. 그런데 갑자기 비가 내려 예정되었던 첨성대는 관람할 수 없어 아쉬웠다. 다음에는 첨성대도 보고 싶다.

1 윗글의 ㉠, ㉡의 뜻을 가진 낱말을 써 보세요.

(1) ㉠: ㅊ ㅅ

(2) ㉡: 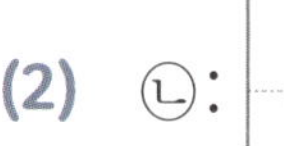ㅊ ㅈ

2 윗글을 잘못 이해한 친구를 찾아 써 보세요. ( )

> - **세아**: '나'는 첨성대를 보고 우리 조상들의 지혜를 느꼈다고 했어.
> - **수빈**: '나'는 푸른 도자기의 무늬의 섬세함을 보고 감탄했다고 했어.
> - **정원**: '나'는 불국사가 세계 문화유산에 등재되었다는 설명을 읽고 뿌듯함을 느꼈다고 했어.

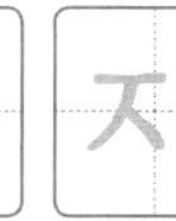

우리말 속담

청산에 매 띄워 놓기다

🔍 청산에 매를 풀어 놓으면 다시 찾기 어렵다는 뜻으로, 한번 떠나면 다시 돌아오는 것이 어렵다는 말

電 번개 전

뜻 번개　　**소리** 전

구름과 구름, 구름과 대지 사이에서
전기의 방전으로 번쩍이는 불꽃

電	電	一		
번개 전	번개 전			

유래

 →  → 電

電은 비와 구름 사이로 번개가 내리치는 모습을 본뜬 한자야.
電은 번개나 전기를 의미하기도 하지만 번개가 내리치는 속도가 매우 빠르다는 것을
비유해서 빠른 속도를 나타낼 때 쓰이기도 해.

'전(電)'이 사용된 낱말에는 이런 것들이 있어요.

전기 電氣

충전 充電

電
번개 전

전화 電話

전구 電球

'전(電)'이 사용된 위의 낱말 중 다음 뜻에 맞는 낱말은 무엇인지 써 보세요.

1 전자 제품에 전기 에너지를 채우는 일을 말해요. →

2 전자의 움직임으로 인해 생기는 에너지를 말해요. →

3 전류를 통하여 빛을 내는 유리알로 된 기구를 말해요. →

4 말소리를 전파나 전류로 바꾸어 떨어져 있는 사람이 서로 이야기할 수 있게 만든 기계를 말해요. →

1 다음 문장의 빈칸에 들어갈 알맞은 낱말을 찾아 선으로 이어 보세요.

(1) 휴대 (　　　　)로 친구에게 문자 메시지를 보냈다. ・

・ 충전

(2) 소형 청소기를 충분히 (　　　　) 하니 오래 사용할 수 있었다. ・

・ 전화

2 다음 문장의 빈칸에 들어갈 알맞은 낱말을 찾아 색칠해 보세요.

(1) 어두웠던 방에 [　　　　]을/를 켜니 방 안이 환해졌다.

　전구　　　　　충전

(2) 기름을 사용하지 않는 [　　　　] 자동차로 환경 오염을 줄일 수 있다.

　전화　　　　　전기

쓰기 활동

3 다음 낱말을 넣어 그림에 어울리는 문장을 써 보세요.

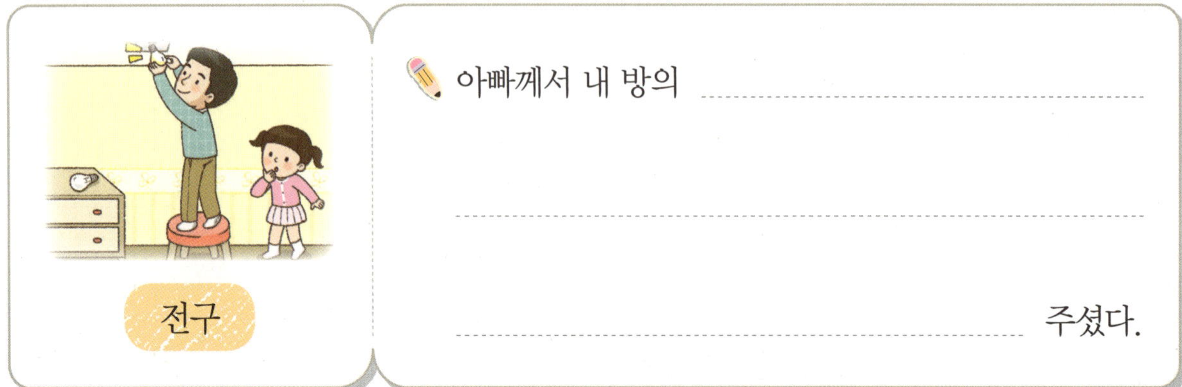

✏ 아빠께서 내 방의 ＿＿＿＿＿＿＿＿＿＿＿＿＿＿＿

＿＿＿＿＿＿＿＿＿＿＿＿＿＿＿＿＿＿＿＿＿＿＿

＿＿＿＿＿＿＿＿＿＿＿＿＿＿ 주셨다.

다음 글을 읽고 문제를 풀어 보세요.

▽전자의 움직임으로 인해 생기는 에너지를 이용해야 작동하는 기계는 우리 주변에 많다. 어두운 방 안을 밝게 하는 전구, 음식을 신선하게 유지하는 냉장고, 현대 사회에 필수품인 휴대 전화도 ◎전기 에너지를 채워야만 지속적으로 사용할 수 있다. 따라서 이 소중한 에너지를 오래도록 사용하기 위해, 전자 제품을 사용하지 않을 때는 플러그를 뽑아야 한다. 그리고 냉장고는 필요할 때만 열고 사용 후에는 문을 꼭 닫는다. 또 환한 낮에는 전구를 켜지 않는 등 에너지 절약을 위해 노력해야 한다.

1 윗글의 ㉠, ㉡의 뜻을 가진 낱말을 써 보세요.

(1) ㉠ : 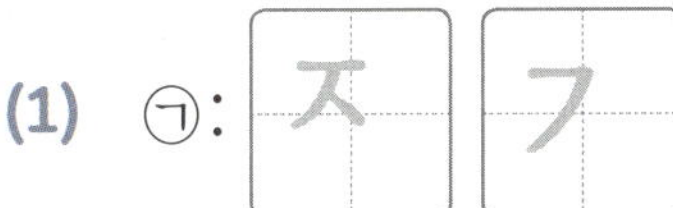

(2) ㉡ : 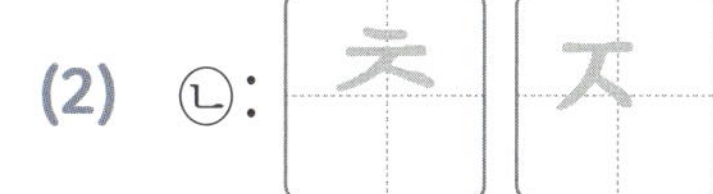

2 에너지를 절약하기 위한 노력에 알맞지 <u>않은</u> 것을 찾아 기호로 써 보세요. (   )

우리말 속담

번갯불에 콩 볶아 먹겠다

번쩍하는 번갯불에 콩을 볶아 먹을 만하다는 뜻으로, 행동이 매우 민첩하다는 것을 이르는 말

한자 놀이

빈칸에 들어갈 알맞은 한자어를 써서 예쁜 꽃을 완성하세요.

나라

韓 한국 한

韓

뜻: 한국 소리: 한

우리나라. '대한 제국'의 줄임말

韓	韓				
한국 한	한국 한				

 → 韓 → 韓

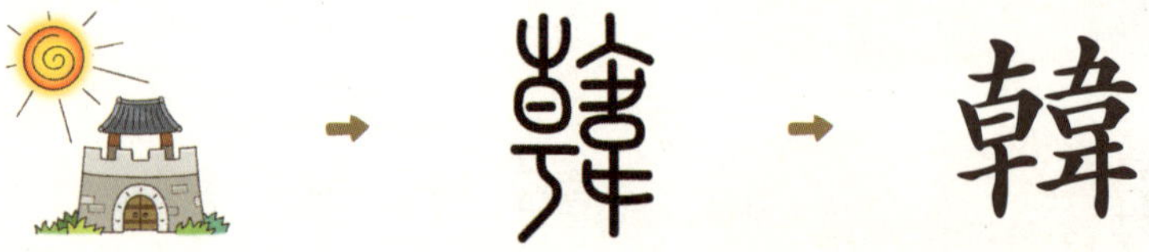

韓은 빛나는 태양이 사람들이 사는 성안을 비추고 있는 모습을 본뜬 한자야.
韓은 대한민국을 부르는 말이기도 해.

 '한(韓)'이 사용된 낱말에는 이런 것들이 있어요.

'한(韓)'이 사용된 위의 낱말 중 다음 뜻에 맞는 낱말은 무엇인지 써 보세요.

1 우리나라인 대한민국을 말해요. →

2 우리나라 고유의 형식으로 지은 집을 말해요. →

3 닥나무로 만든 우리나라 고유의 종이를 말해요. →

4 예로부터 전해 온 우리나라의 고유한 옷을 말해요. →

1 다음 문장의 빈칸에 들어갈 알맞은 낱말을 찾아 선으로 이어 보세요.

(1) 붓을 들고 하얀 (　　　　　)에 붓글씨를 썼다. ・

・ 한옥

(2) 많은 비가 내려 시골에 있는 (　　　　　)의 기와들이 무너졌다. ・

・ 한지

2 다음 문장의 빈칸에 들어갈 알맞은 낱말을 찾아 색칠해 보세요.

(1) 대통령은 　　　　　 을/를 대표하여 국제회의에 참석했다.

한국　　　　　한지

(2) 어머니께서 　　　　　 의 옷고름을 매는 방법을 알려 주셨다.

한옥　　　　　한복

쓰기 활동

3 다음 낱말을 넣어 그림에 어울리는 문장을 써 보세요.

🖉 외할머니는 ______________________________________

____

__________________ 강아지 두 마리를 키우신다.

📖 다음 글을 읽고 문제를 풀어 보세요.

> ㉠우리나라 대한민국의 명절인 설날을 맞아 한복을 입고 할머니 댁에 갔다. 할머니 댁은 ㉡우리나라 고유의 형식으로 지은 집이다. 가족들이 모두 모여 떡국을 먹고 세배를 했다. 저녁에는 가족들과 윷놀이를 했는데 윷놀이를 하다 방문을 보며, 예전에 한지를 붙인 문을 보고 신기했던 기억이 있었다고 내가 말했다. 내 말을 들으신 아버지께서는 어릴 적에 한지를 붙인 문에 구멍을 뚫어 할머니께 혼났었다고 말씀하셨다. 이 이야기를 듣고 가족들은 크게 웃었다.

1 윗글의 ㉠, ㉡의 뜻을 가진 낱말을 써 보세요.

(1) ㉠: ㅎ ㄱ

(2) ㉡: ㅎ ㅇ

2 윗글의 내용에 알맞은 기호를 찾아 선으로 이어 보세요.

(1) 가족들과 먹은 음식 •   • ㉠

(2) 가족들과 한 놀이 •   • ㉡

우리말 **관용어**

떡국을 먹다
🔍 설을 쇠고 나이를 한 살 더 먹는다는 말

國 나라 국

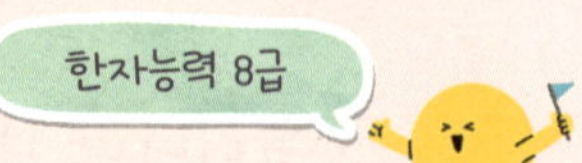

뜻　　　소리

나라　　국

↳ 일정한 영토와 그 영토에 사는 사람들로 구성된 집단

國	同				
나라 국	나라 국				

유래

 →  → 

國은 백성들을 지키기 위해 넓은 땅을 담으로 에워싸고,
창을 들어 성벽을 지켜 적이 쳐들어오지 못하게 하는 모습을 본뜬 한자야.
그래서 國은 '나라'라는 뜻이야.

'국(國)'이 사용된 낱말에는 이런 것들이 있어요.

'국(國)'이 사용된 위의 낱말 중 다음 뜻에 맞는 낱말은 무엇인지 써 보세요.

1 나라의 땅을 말해요. →

2 나라의 역사를 말해요. →

3 나라에서 법으로 지정하여 보호하는 문화재를 말해요. →

4 일정한 형식을 통해 한 나라의 역사나 이상을 상징하도록 정한 깃발을 말해요. →

1 '국(國)'이 들어간 보기의 낱말 중 빈칸에 알맞은 낱말을 골라 써 보세요.

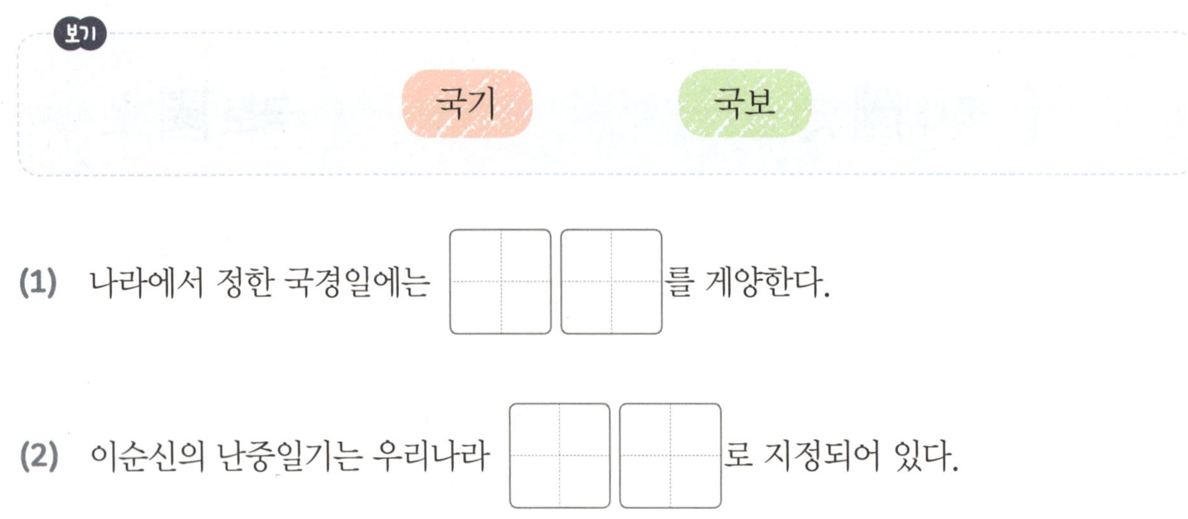

(1) 나라에서 정한 국경일에는 ☐☐를 게양한다.

(2) 이순신의 난중일기는 우리나라 ☐☐로 지정되어 있다.

2 다음 문장에 어울리는 낱말을 골라 ○표 하세요.

(1) (국사 / 국기) 교과서에서 고려 시대 역사에 대해 읽었다.

(2) 우리나라 (국보 / 국토)는 삼면이 바다로 둘러싸여 있다.

3 다음 낱말을 넣어 그림에 어울리는 문장을 써 보세요.

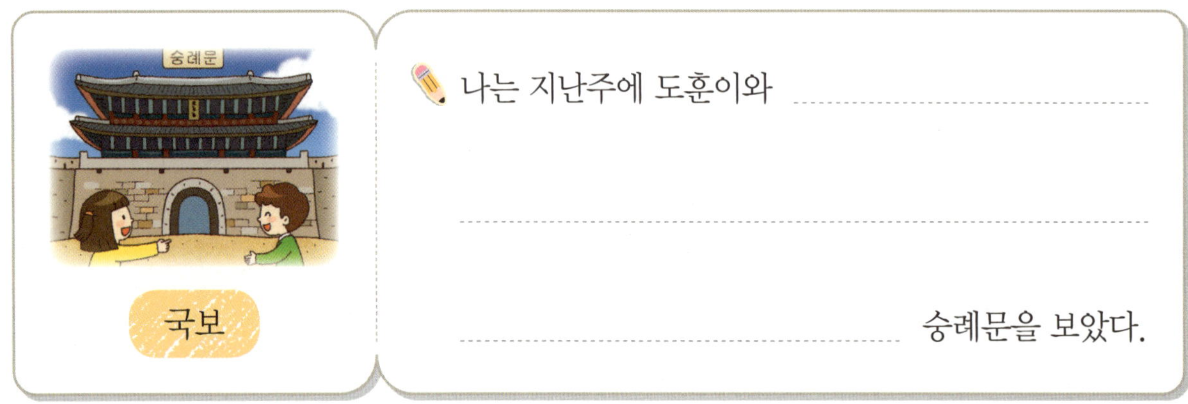

📖 다음 글을 읽고 문제를 풀어 보세요.

　이번 주 ㉠나라의 역사에 대한 수업 주제는 '훈민정음'이었다. 훈민정음은 '백성을 가르치는 바른 소리'라는 뜻으로 세종대왕이 창제했다. 훈민정음은 국보로 지정되었으며, 유네스코 세계 기록 유산에도 등재되어 있다. 훈민정음의 반포를 기념하는 한글날은 국경일로 지정되었으며, 한글날에는 우리나라 국기인 태극기를 게양한다. 나는 수업을 들은 후 한글을 지키기 위해 아름다운 우리말을 사용하고 외래어 사용을 줄이기로 다짐했다. 그리고 다가오는 10월 9일에는 ㉡나라의 땅이 태극기로 물들 수 있게 꼭 태극기를 게양해야겠다고 생각했다.

1 윗글의 ㉠, ㉡의 뜻을 가진 낱말을 써 보세요.

(1) ㉠: ㄱ ㅅ

(2) ㉡: ㄱ ㅌ

2 윗글에 대한 설명으로 알맞지 <u>않은</u> 것은 무엇인가요? (　　　)

① 훈민정음은 세종대왕이 창제했다.
② 훈민정음은 우리나라 국보로 지정되었다.
③ 훈민정음의 반포를 기념하는 날은 한글날이다.
④ 훈민정음은 유네스코 세계 기록 유산에 등재되었다.
⑤ 훈민정음과 관련된 한글날은 국경일로 지정되기 위해 준비 중이다.

우리말 속담

백성의 입 막기는 내 막기보다 힘들다

🔍 백성들 사이에서 일어나는 흐름을 막는 것은 흐르는 냇물을 막기보다 어렵다는 뜻으로, 국민의 공통된 의견이나 소문을 막을 수 없음을 이르는 말

붙임딱지

民 백성 민

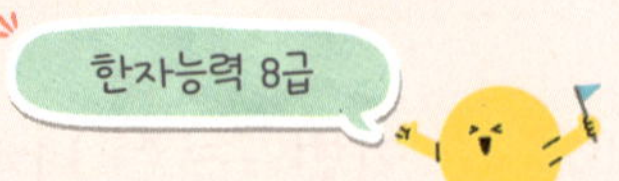

民

뜻 **소리**

백성   민

나라의 근본인 국민을 예스럽게 이르는 말

民	民	ㄱ		
백성 민	백성 민			

유래

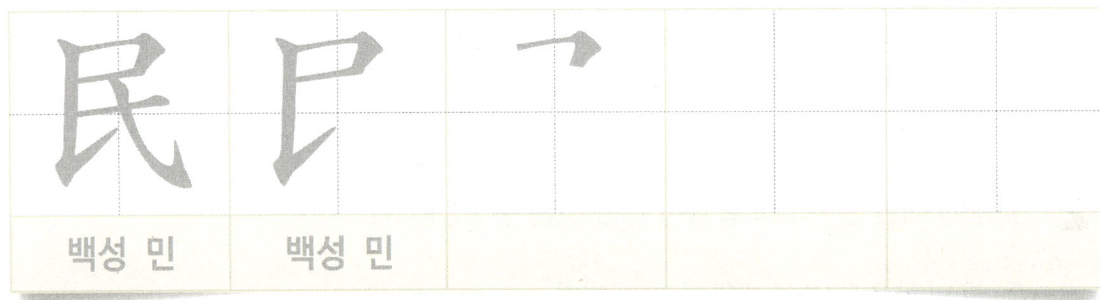

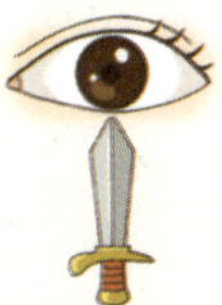 →  → 

民은 사람의 눈을 날카로운 도구로 찌르는 모습을 본뜬 한자야.
民의 본래 의미는 '노예'로, 옛날에는 노예의 한쪽 눈을 멀게 해서
도망가지 못하게 했대. '국민'의 의미와는 무척 달랐어.

1단계 낱말 알아보기

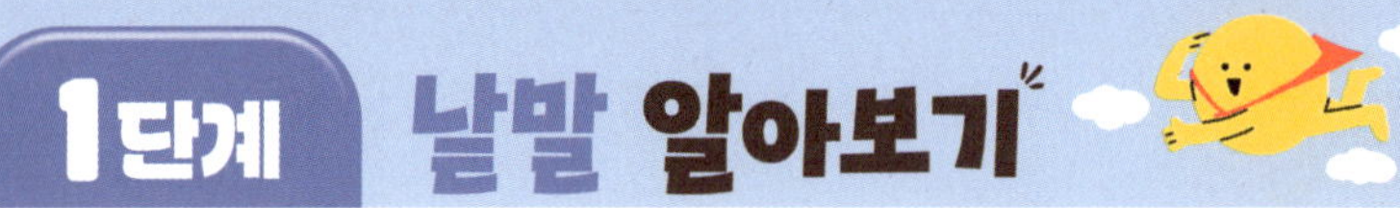

'민(民)'이 사용된 낱말에는 이런 것들이 있어요.

'민(民)'이 사용된 위의 낱말 중 다음 뜻에 맞는 낱말은 무엇인지 써 보세요.

1 국민들의 마음을 말해요. →

2 나라를 구성하는 사람이나 그 나라의 국적을 가진 사람을 말해요. →

3 사람의 생활과 관련 있는 풍속, 습관, 전설, 기술, 문화 등을 말해요. →

4 같은 땅에서 오랜 세월 동안 함께 살면서 같은 말과 같은 문화를 기초로 해서 만들어진 사회 집단을 말해요. →

1 다음 문장의 빈칸에 들어갈 알맞은 낱말을 찾아 선으로 이어 보세요.

(1) 분단은 우리 (   )에게 큰 시련을 가져왔다.

• 민족

(2) 정월 대보름이 되면 (   ) 놀이 중 하나인 연날리기를 한다.

• 민속

2 '민(民)'이 들어간 **보기**의 낱말 중 빈칸에 알맞은 낱말을 골라 써 보세요.

보기

국민   민심

(1) 우리나라 국적을 가진 ☐☐ 들은 평화를 원한다.

(2) 대통령이 ☐☐ 을 수습해야만 나라가 안정을 찾을 수 있다.

쓰기 활동

3 다음 낱말을 넣어 그림에 어울리는 문장을 써 보세요.

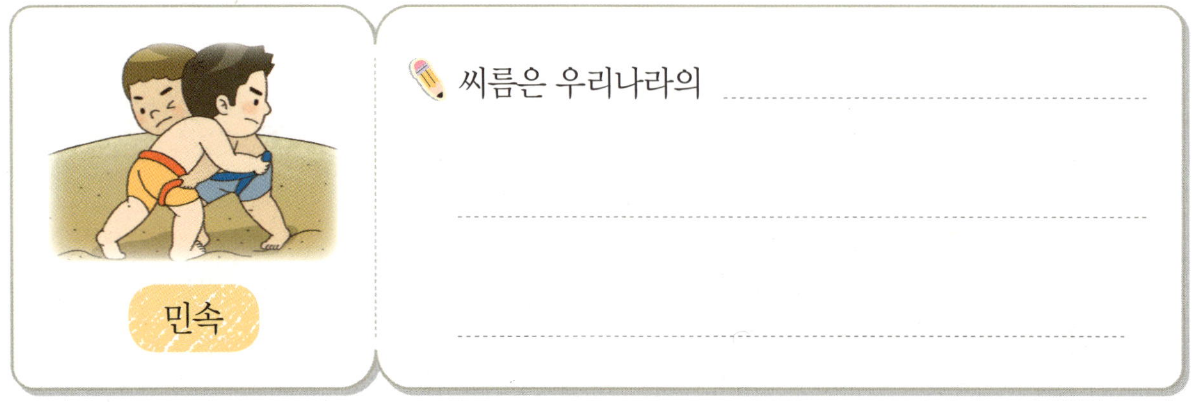

✏️ 씨름은 우리나라의

다음 글을 읽고 문제를 풀어 보세요.

　지난주에는 민속 박물관에 갔다. 전시관에서는 '우리 조상들의 삶'을 주제로 전시회를 열고 있었다. 우리 민족의 세시 풍속, 신앙생활 등을 엿볼 수 있었다. 인상 깊었던 것은 아이를 낳았을 때 대문에 금줄을 쳐 집안으로 나쁜 기운이 들어오지 못하도록 했던 풍속이었다. 그리고 박물관에서는 판소리 공연도 진행 중이었다. ㉠우리나라 국적을 가진 사람이라면 많이 아는 '㉡국민들의 마음을 울린 심청이'가 주제였는데, 판소리로 들으니 심청이의 슬픈 마음이 더 와 닿는 듯했다. 이번 박물관 방문을 통해 우리 민족의 다양한 삶을 볼 수 있어서 좋았다.

1 윗글의 ㉠, ㉡의 뜻을 가진 낱말을 써 보세요.

(1) ㉠ : ㄱ ㅁ　　　　(2) ㉡ : ㅁ ㅅ

2 윗글을 읽고 괄호 안에 들어갈 적절한 말을 써 보세요.　　(㉠:　　　), (㉡:　　　)

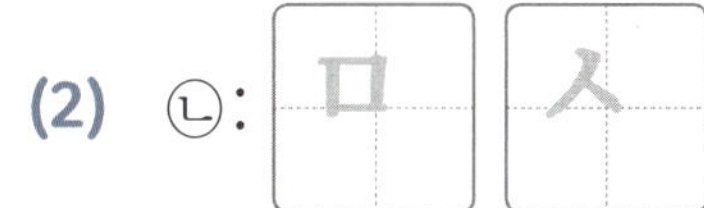

　우리 조상들은 아기가 태어나면 (　㉠　)을/를 쳐서 집안으로 (　㉡　)이/가 들어오지 못하도록 했다.

우리말 속담

민심은 천심
🔍 백성의 마음이 곧 하늘의 마음과 같다는 뜻으로, 백성의 마음을 저버릴 수 없음을 비유적으로 이르는 말

王 임금 왕

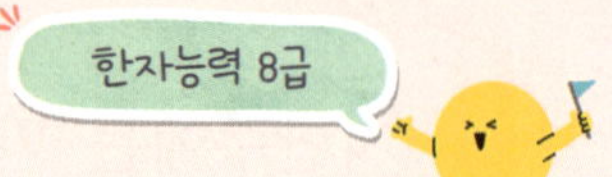

王

뜻 임금   **소리** 왕

국가에서 나라를 다스리는 우두머리

王	二	一		
임금 왕	임금 왕			

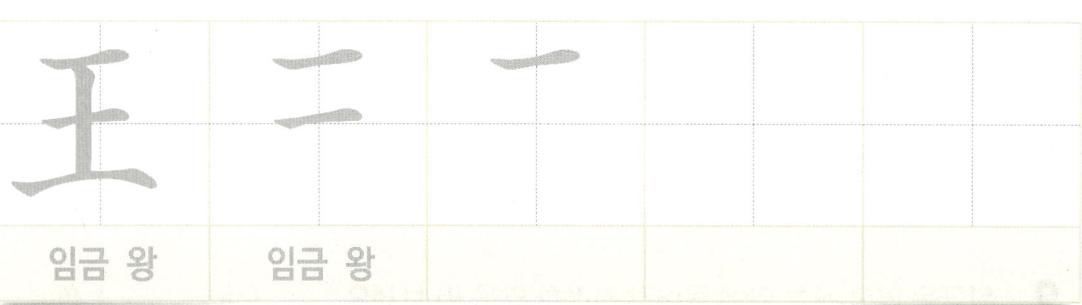

王은 도끼의 모습을 본뜬 한자야. 도끼는 강한 힘을 상징했고,
옛날에 임금은 자신의 힘을 뽐내기 위해 도끼를 옆에 두었다고 해.
그래서 王은 나라에서 가장 힘이 센 '임금'을 의미해.

💡 '왕(王)'이 사용된 낱말에는 이런 것들이 있어요.

왕도 王道

왕궁 王宮

王
임금왕

왕비 王妃

왕자 王子

✏️ '왕(王)'이 사용된 위의 낱말 중 다음 뜻에 맞는 낱말은 무엇인지 써 보세요.

1 임금의 아들을 말해요. → 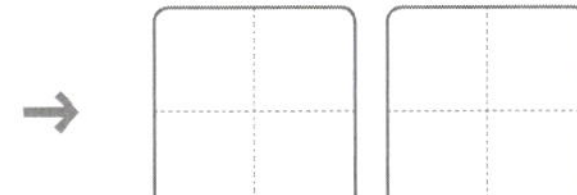

2 임금의 아내를 말해요. → 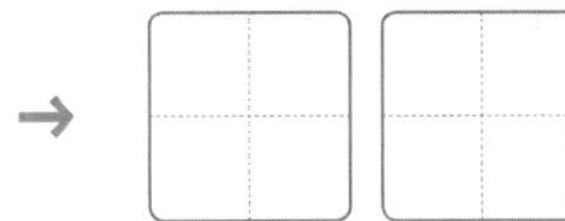

3 임금이 사는 궁전을 말해요. → 

4 임금으로서 마땅히 지켜야 할 도리 또는 인덕을 근본으로 천하를 다스리는 도리를 말해요. → 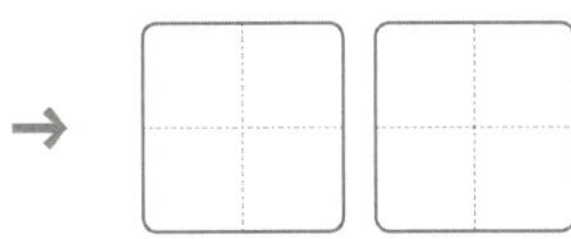

1 다음 문장에 어울리는 낱말을 골라 ○표 하세요.

(1) 신하들이 왕의 옆에 앉은 (왕비 / 왕궁)에게 절을 했다.

(2) 임금은 (왕자 / 왕도)에 어긋난 행동을 하지 않기 위해 항상 몸가짐을 바르게 했다.

2 다음 문장의 빈칸에 들어갈 알맞은 낱말을 찾아 색칠해 보세요.

(1) 덕수궁은 조선 시대의 [   ] 중 하나이다.

왕도   왕궁

(2) 임금은 자신의 자리를 이을 [   ]에게 백성을 사랑해야 한다고 가르쳤다.

왕자   왕비

쓰기 활동

3 다음 낱말을 넣어 그림에 어울리는 문장을 써 보세요.

✏️ 왕과 왕비는 ________________________

____

____

📖 다음 글을 읽고 문제를 풀어 보세요.

> 경복궁은 조선 시대 왕궁 중 하나이다. 경복궁은 용도에 따라 다양한 건물로 이루어져 있는데, 경복궁에서 가장 큰 근정전에서는 주로 왕의 즉위식을 했다. 아름다운 연못 위에 세워진 경회루에서는 사신이나 군신들의 연회가 열렸으며, 사정전에서는 왕이 ㉠덕을 근본으로 천하를 다스리는 도리에 따라 신하들과 함께 나랏일을 논의하였다. 이 외에도 왕의 침실이었던 강녕전, 왕비의 침실이었던 교태전, ㉡임금의 아들이 그의 아내와 함께 지내던 공간인 동궁도 있다.

1 윗글의 ㉠, ㉡의 뜻을 가진 낱말을 써 보세요.

(1) ㉠: ㅇ ㄷ

(2) ㉡: ㅇ ㅈ

2 경복궁의 건물들을 그 용도에 알맞게 선으로 이어 보세요.

(1) 근정전	•	• ㉠	왕의 침실이던 곳
(2) 경회루	•	• ㉡	왕비의 침실이던 곳
(3) 교태전	•	• ㉢	왕의 즉위식을 했던 곳
(4) 동궁	•	• ㉣	왕자가 그의 아내와 지내던 곳
(5) 강녕전	•	• ㉤	사신이나 군신들의 연회가 열리던 곳

우리말 **속담**

호랑이 없는 골에 토끼가 왕 노릇 한다

🔍 뛰어난 사람이 없는 곳에서 보잘것없는 사람이 힘이 있음을 비유적으로 이르는 말

軍 군사 군

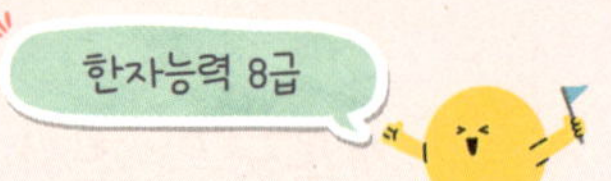

軍

뜻 군사 **소리** 군

예전에 군인이나 군대를 가리키던 말

軍	冒	宀		
군사 군	군사 군			

유래

軍은 전쟁 때 쓰는 수레인 전차를 둘러싸고 있는 병사들의 모습을 본뜬 한자야.
전차로 전쟁에 맞서는 병사들의 모습을 나타낸 거지.

1단계 낱말 알아보기

'군(軍)'이 사용된 낱말에는 이런 것들이 있어요.

국군 國軍

공군 空軍

軍
군사 군

군복 軍服

군인 軍人

'군(軍)'이 사용된 위의 낱말 중 다음 뜻에 맞는 낱말은 무엇인지 써 보세요.

1 군인이 입는 제복을 말해요. →

2 군대에서 일하는 사람을 말해요. →

3 주로 공중에서 전투를 하는 군인을 말해요. →

4 적으로부터 나라를 지키기 위해 조직한 군대를 말해요. →

1 다음 문장에 어울리는 낱말을 골라 ○표 하세요.

(1) 전투 위치에 따라 육군, (공군 / 국군), 해군으로 나눈다.

(2) 감사한 마음을 담아 (군복 / 군인) 아저씨들께 위문편지를 썼다.

2 '군(軍)'이 들어간 **보기**의 낱말 중 빈칸에 알맞은 낱말을 골라 써 보세요.

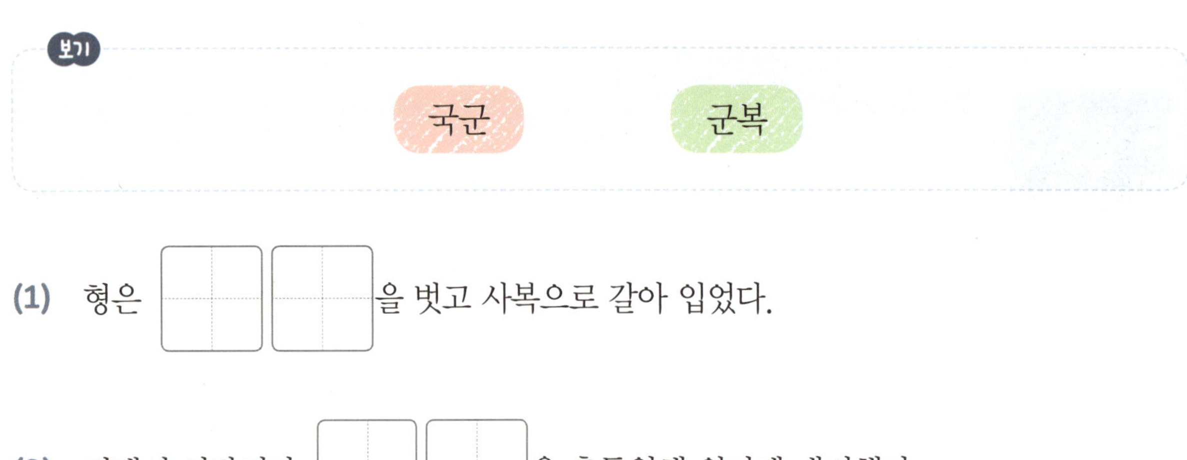

(1) 형은 [ ][ ]을 벗고 사복으로 갈아 입었다.

(2) 전쟁이 시작되자 [ ][ ]을 총동원해 위기에 대비했다.

3 다음 낱말을 넣어 그림에 어울리는 문장을 써 보세요.

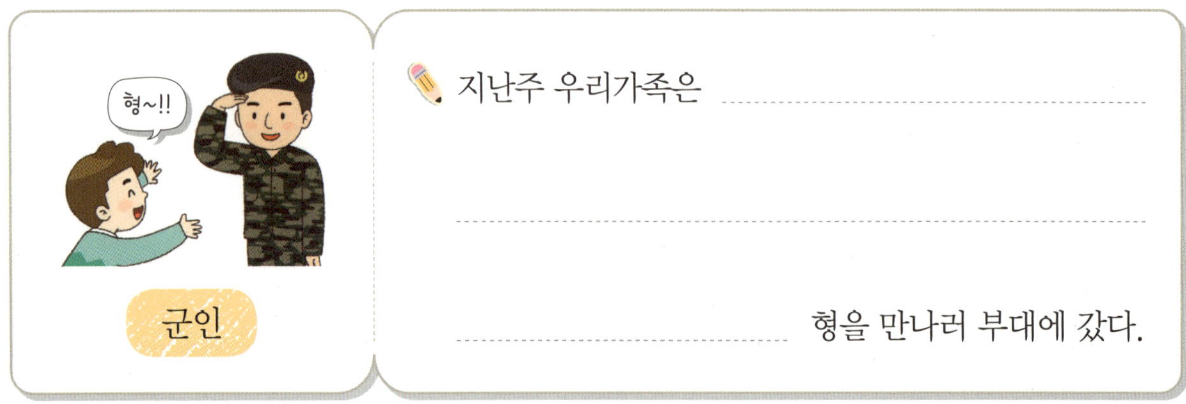

📖 **다음 글을 읽고 문제를 풀어 보세요.**

　　뉴스에서 국군의 날을 기념하는 행사가 방영되고 있다. 국군의 날은 10월 1일로 우리나라 군인들의 위엄찬 모습을 자랑하고, 군인들의 사기를 높이기 위해 제정된 법정 기념일이라고 한다. 다양한 기념행사가 진행되었는데, ㉠군인들이 멋진 제복을 입고 보여 준 의장대 시범과 ㉡공중에서 전투를 하는 군인이 전투기를 이용해 하늘에서 비행을 하는 모습이 인상적이었다. 군인들의 모습이 멋있기도 했지만, 무엇보다 국민을 지키기 위해 애쓰는 군인들에게 감사한 마음이 들었다.

1 윗글의 ㉠, ㉡의 뜻을 가진 낱말을 써 보세요.

(1) ㉠: ㄱㅂ　　　　　(2) ㉡: ㄱㄱ

2 윗글의 내용으로 알맞은 것은 ○, 알맞지 <u>않은</u> 것은 X표 하세요.

(1) 국군의 날은 10월 1일이다. 　　　　　　　　　　(○ ┊ ×)

(2) 국군의 날은 법정 기념일이 아니다. 　　　　　　　(○ ┊ ×)

(3) 국군의 날은 군인들의 사기를 높이기 위해 지정된 날이다. 　(○ ┊ ×)

우리말 속담

하늘은 스스로 돕는 자를 돕는다
🔍 어떤 일을 이루기 위해서는 자신의 노력이 중요하다는 말

나라 06 : 漢 한나라 한

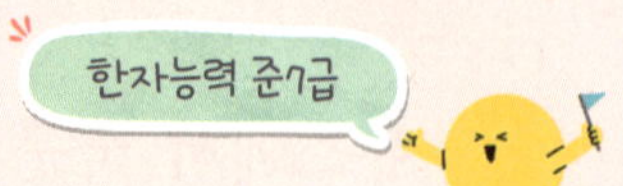

漢

뜻 **소리**

한나라 한

과거에 중국에 존재했던 나라를 두루 이르는 말

漢	漢				
한나라 한	한나라 한				

유래

 → 漢 → 漢

漢은 중국의 옛 나라인 '한나라'를 의미하는 한자야.
한나라는 나라의 이름을 漢으로 정했대.
漢은 한나라를 가리키기도 하지만, 물결이 거센 강을 의미하기도 해.

💡 '한(漢)'이 사용된 낱말에는 이런 것들이 있어요.

✏️ '한(漢)'이 사용된 위의 낱말 중 다음 뜻에 맞는 낱말은 무엇인지 써 보세요.

1 중국의 문자로 쓰인 글을 말해요. →

2 중국의 문자로만 이루어진 시를 말해요. →

3 우리나라의 중부 지역을 지나 서해로 흘러드는 강을 말해요. →

4 중국에서 만들어져 오늘날에도 쓰고 있는 중국의 문자를 말해요. →

1 다음 문장의 빈칸에 들어갈 알맞은 낱말을 찾아 선으로 이어 보세요.

(1) ( )(으)로 만들어진 단어들은 많다.

• 한강

(2) 서울에는 ( )을/를 건널 수 있는 다리가 많이 있다.

• 한자

2 다음 문장의 빈칸에 들어갈 알맞은 낱말을 찾아 색칠해 보세요.

(1) 옛날에는 서당에서 훈장님께 [ ]을 배웠다.

한문   한강

(2) 우리나라에도 중국의 문자로만 쓰인 [ ] 작품이 무척 많다.

한강   한시

쓰기 활동

3 다음 낱말을 넣어 그림에 어울리는 문장을 써 보세요.

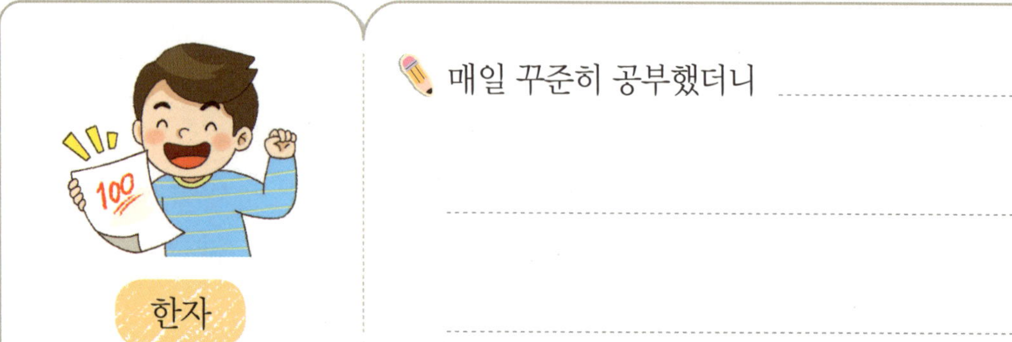

📖 **다음 글을 읽고 문제를 풀어 보세요.**

나는 요즘 할아버지와 한자를 공부한다. 오늘은 할아버지께서 '한강'을 어떻게 한자로 쓰는지 가르쳐 주셨다. 나는 금세 공책에 할아버지께서 가르쳐 주신 한자를 따라 쓰고 소리를 내어 읽었다. 할아버지께서는 조금만 더 배우면 ㉠중국의 문자로 쓰인 글도 읽을 수 있겠다며 나를 칭찬해 주셨다. 내가 할아버지께 한자를 더 많이 배워서 ㉡중국의 문자로만 이루어진 시도 읽어 보고 싶다고 말씀드리자 할아버지는 나를 기특하다는 듯이 쳐다보셨다.

1 윗글의 ㉠, ㉡의 뜻을 가진 낱말을 써 보세요.

(1) ㉠: ⬜ㅎ ⬜ㅁ

(2) ㉡: ⬜ㅎ ⬜ㅅ

2 윗글의 내용으로 알맞은 것은 ○, 알맞지 <u>않은</u> 것은 X표 하세요.

(1) '나'는 더 많은 한자를 배우고 싶어 한다. (○ ┊ ×)

(2) 한자 쓰기가 틀린 '나'를 보고 할아버지는 위로해 주었다. (○ ┊ ×)

우리말 속담

한강에 그물 놓기

🔍 이미 준비는 되어 있으니 기다리면 언젠가는 일이 이루어질 것이라는 말

붙임딱지

한자 놀이

원숭이들이 어디를 잡아야 바나나를 먹을 수 있을까요?
한자의 알맞은 소리를 찾아 색칠해 보세요.

생활

01	門 문 문	대문 교문 창문 가문
02	力 힘 력(역)	실력 노력 중력 체력
03	空 빌 공	공중 공간 공항 공기
04	每 매양 매	매주 매일 매년 매번
05	農 농사 농	농사 농부 농장 농촌
06	車 수레 차(거)	하차 기차 자전거 정거

門 문 문

門

뜻 **문**   소리 **문**

드나들거나 물건을 넣었다 꺼냈다 하기 위하여
티워 놓은 곳

門	門			
문 문	문 문			

유래

門은 두 개의 큰 문짝을 본뜬 한자야.
門은 대문을 그렸기 때문에 '문'이라는 뜻을 갖지만,
혈연으로 이어진 '집안' 등을 의미하기도 해.

'문(門)'이 사용된 낱말에는 이런 것들이 있어요.

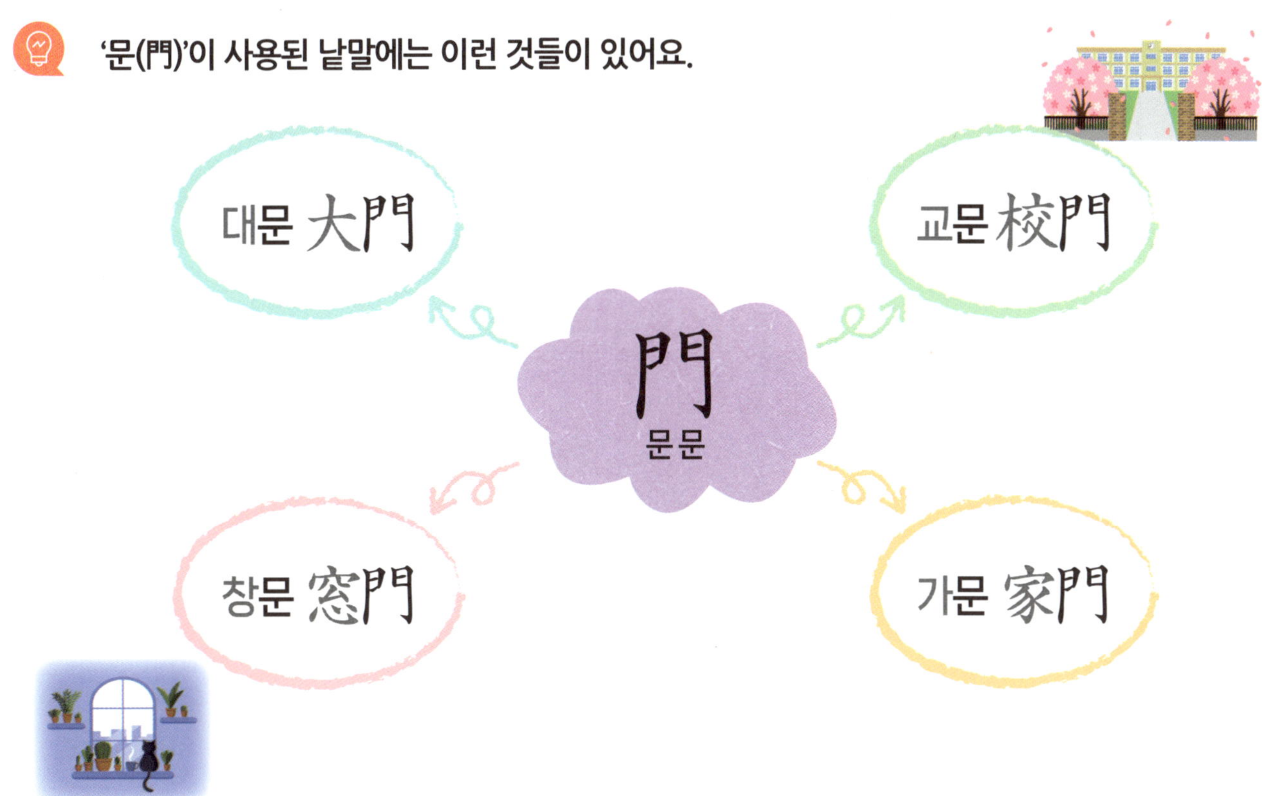

'문(門)'이 사용된 위의 낱말 중 다음 뜻에 맞는 낱말은 무엇인지 써 보세요.

1 집의 큰 출입문을 말해요. → 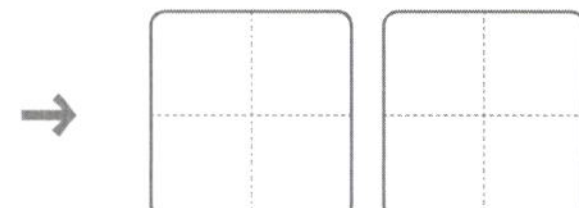

2 학교에 드나드는 문을 말해요. → 

3 가족 또는 가까운 친척으로 이루어진 집안을 말해요. →

4 공기나 햇빛을 받고, 밖을 내다볼 수 있도록 벽이나 지붕에 만든 문을 말해요. → 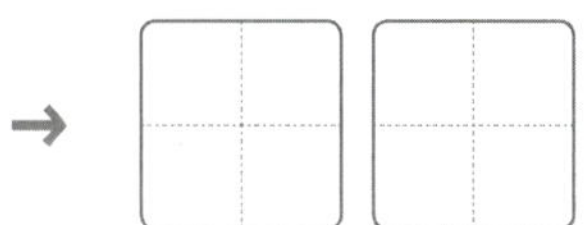

1 다음 문장의 빈칸에 들어갈 알맞은 낱말을 찾아 선으로 이어 보세요.

(1) 야구공이 날아와 교실 (　　　)의 유리가 깨졌다.

(2) 이 도자기는 우리 (　　　)에 오래전부터 전해 내려오는 물건이다.

· 가문

· 창문

2 다음 문장의 빈칸에 들어갈 알맞은 낱말을 찾아 색칠해 보세요.

(1) 열어 놓은 [　　　]으로 고양이가 들어왔다.

대문　　　가문

(2) 등굣길에 [　　　] 앞에서 선생님을 뵙고 인사를 했다.

창문　　　교문

3 다음 낱말을 넣어 그림에 어울리는 문장을 써 보세요.

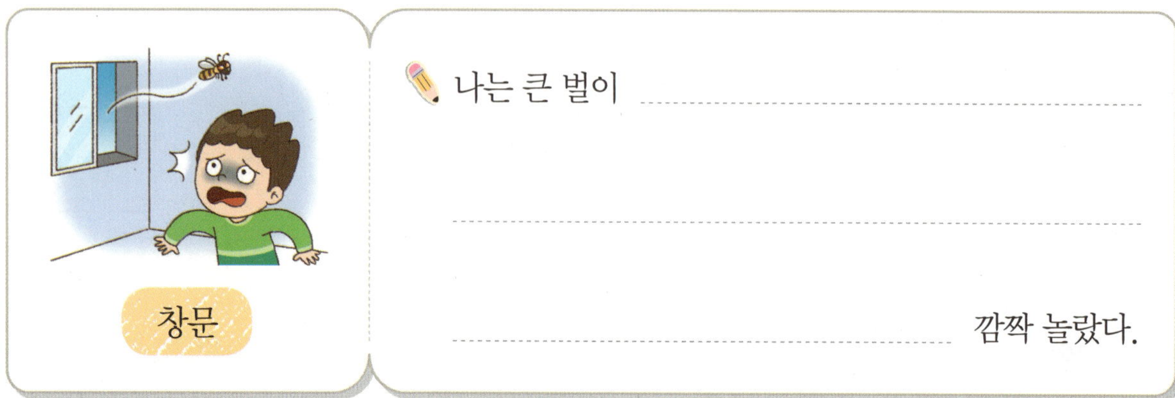

나는 큰 벌이 ____________________

____

____________________ 깜짝 놀랐다.

다음 글을 읽고 문제를 풀어 보세요.

> 봄을 맞아 가족들과 함께 대청소를 했다. 나는 먼저 집 안의 창문을 직접 열고 쌓인 먼지를 털어 냈다. 대대로 내려왔다는, ㉠가족과 친척으로 이루어진 우리 집안의 자랑인 할아버지의 훈장을 아버지께서 조심스럽게 닦아 내셨다. 집 안 청소를 마치고 나는 마당으로 나가 닫혀 있던 ㉡우리 집의 큰 출입문을 열고 마당 청소도 했다. 청소를 모두 마치고 나니 학기가 끝나고 방학이 되어 교문을 나와 집으로 가는 것처럼 매우 즐거웠다.

1 윗글의 ㉠, ㉡의 뜻을 가진 낱말을 써 보세요.

(1) ㉠: 　ㄱ　　ㅁ　

(2) ㉡: 　ㄷ　　ㅁ　

2 윗글의 내용으로 알맞은 것은 ○, 알맞지 않은 것은 X표 하세요.

(1) '나'는 대문을 열고 마당 청소를 했다.　(○ ┊ X)

(2) '나'는 아버지께 부탁을 드려 집 안의 창문을 모두 열었다.　(○ ┊ X)

(3) '나'는 할아버지의 훈장에 쌓인 먼지를 조심스럽게 털어 냈다.　(○ ┊ X)

대문이 가문

아무리 가문이 높아도 가난 때문에 대문이 작으면 위엄이 없어 보인다는 말

붙임딱지

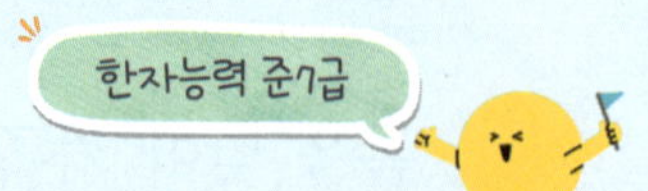

力

뜻　　　소리

힘　　력(역)

사람이나 동물이 몸에 갖추고 있으면서 스스로 움직이거나
다른 물건을 움직이게 하는 신체 작용

力	力	フ			
힘 력(역)	힘 력(역)				

유래

力은 논밭을 가는 농기구의 모양을 본뜬 한자야.
농사를 하려면 논밭을 갈기 위한 큰 힘이 필수였어.
그래서 力은 '힘'이나 '힘쓰다'라는 뜻이야.

'력/역(力)'이 사용된 낱말에는 이런 것들이 있어요.

'력/역(力)'이 사용된 위의 낱말 중 다음 뜻에 맞는 낱말은 무엇인지 써 보세요.

1 실제로 갖추고 있는 힘이나 능력을 말해요. → 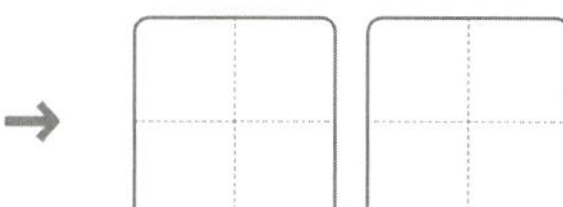

2 신체적인 활동을 할 수 있는 몸의 힘을 말해요. → 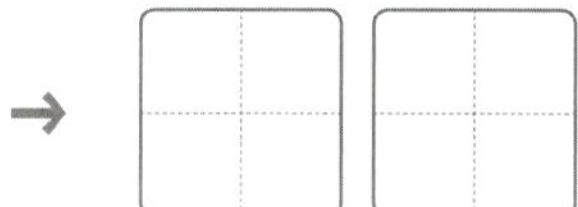

3 지구가 지구 위의 물체를 끌어당기는 힘을 말해요. → 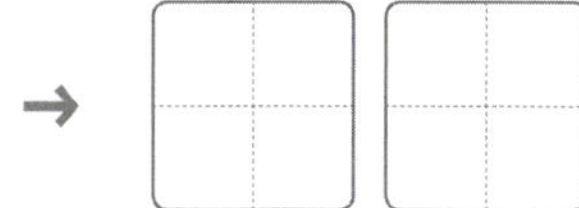

4 어떤 일을 이루기 위해 힘을 들이고 애를 쓰는 것을 말해요. → 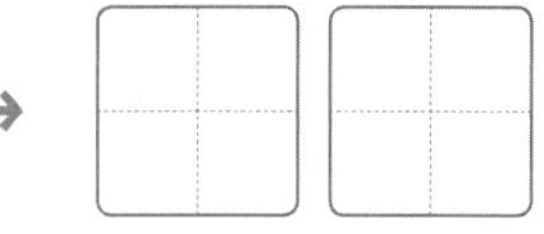

1 '력/역(力)'이 들어간 [보기]의 낱말 중 빈칸에 알맞은 낱말을 골라 써 보세요.

[보기]

노력   체력

(1) 매주 축구 동아리에서 ⬜⬜ 훈련을 한다.

(2) 전통 문화를 지키려는 국민의 ⬜⬜이 필요하다.

2 다음 문장에 어울리는 낱말을 골라 ○표 하세요.

(1) 수학 (체력 / 실력)을 기르기 위해서 문제를 스스로 풀어야 한다.

(2) 지구에 (중력 / 노력)이 사라진다면 물건들은 공중을 떠다닐 것이다.

3 다음 낱말을 넣어 그림에 어울리는 문장을 써 보세요.

✏ 나는 _______________________________

____

_________________ 매일 아침 달리기를 한다.

📖 다음 글을 읽고 문제를 풀어 보세요.

지난 주말에 희수와 함께 배드민턴을 배웠다. 배드민턴을 배우면서 체력을 기르고 싶었다. 선생님께서 배드민턴 경기에는 라켓과 셔틀콕이 필요하다고 말씀하셨다. 우리는 라켓을 잡고 셔틀콕을 치는 방법을 배웠다. 그런데 내 셔틀콕만 멀리 날아가지 않고 자꾸 바닥에 떨어졌다.

"네 셔틀콕에만 ㉠지구가 물체를 끌어당기는 힘이 작용하나 봐."
하고 희수가 나를 놀렸다.

나는 희수가 얄미웠지만, 선생님께서는 웃으시며 ㉡어떤 일을 이루기 위해 힘을 들이고 애를 쓰다 보면 언젠가는 운동 실력도 자라 있을 거라고 말씀해 주셨다. 매일 열심히 연습해서 언젠가는 멋진 배드민턴 경기를 해 보고 싶다.

1 윗글의 ㉠, ㉡의 뜻을 가진 낱말을 써 보세요.

(1) ㉠: [ㅈ][ㄹ]　　　　(2) ㉡: [ㄴ][ㄹ]

2 다음 괄호 안에 들어갈 내용으로 알맞은 낱말을 윗글에서 찾아 써 보세요.

(　　　　), (　　　　)

> 배드민턴 경기에는 (　　　　)과 (　　　　)이 필요하다.

우리말 속담

형만 한 아우 없다
🔍 모든 일에 있어 아우가 형보다 못하다는 말

空 빌 공

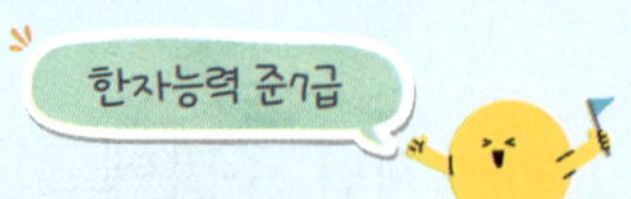

空

뜻	소리
빌	공

일정한 공간에 사람이나 사물이 들어 있지 않음.

空	穴	宀			
빌 공	빌 공				

空은 구멍이 뚫린 공간과 흙을 다지는 도구인 달구의 모습을 함께 본뜬 한자야.
이것은 달구를 이용해 흙을 다져서 구멍을 만든 것으로,
空은 '구멍'이나 '공간'이라는 뜻을 가지고 있어.

💡 '공(空)'이 사용된 낱말에는 이런 것들이 있어요.

✏️ '공(空)'이 사용된 위의 낱말 중 다음 뜻에 맞는 낱말은 무엇인지 써 보세요.

1 아무것도 없는 빈 곳을 말해요. →

2 하늘과 땅 사이의 빈 곳을 말해요. →

3 지구를 둘러싼 대기의 아랫부분을 구성하는 투명한 기체를 말해요. →

4 비행기가 공중을 날 거나 뜰 수 있도록 하기 위해 사용하는 장소를 말해요. →

1 다음 문장의 빈칸에 들어갈 알맞은 낱말을 찾아 선으로 이어 보세요.

(1) 겨울이 되니 방 안의 (　　　　) 이/가 차가워졌다. ·

· 공중

(2) 놀이공원에서 하늘에 떠 있는 (　　　　) 그네를 탔다. ·

· 공기

2 '공(空)'이 들어간 보기의 낱말 중 빈칸에 알맞은 낱말을 골라 써 보세요.

보기

공간　　　　　공항

(1) 비행기가 서서히 인천 　　　의 활주로에서 멈추었다.

(2) 책상을 뒤로 밀고 친구들과 함께 놀 수 있는 　　　을 만들었다.

3 다음 낱말을 넣어 그림에 어울리는 문장을 써 보세요.

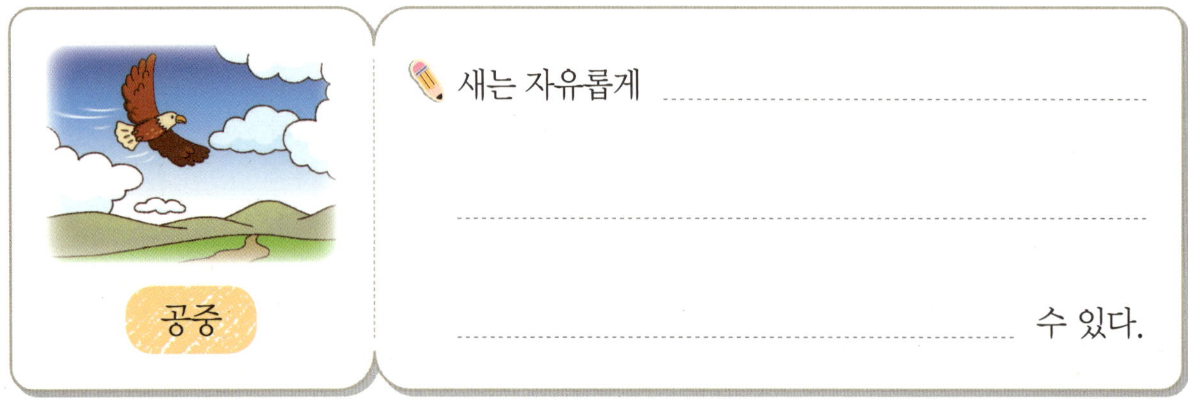

새는 자유롭게 ______________________

____

____________________________ 수 있다.

3단계 글로 익히기

다음 글을 읽고 문제를 풀어 보세요.

　　오랫동안 외국으로 출장을 가셨던 아버지께서 돌아오신다는 소식을 듣고 할머니와 함께 공항으로 마중을 갔다. 공항 근처에 도착하니 공기를 가르며 착륙하는 비행기들이 보였다. 나는 아버지와 곧 볼 수 있다는 마음에 설렜다. 공항에 도착하신 아버지를 본 순간 너무 반가워 눈물이 났다. 만약 아무도 없고, ㉠아무 것도 없는 빈 곳이었다면 크게 소리 내 울 뻔했다. 아버지와 손을 잡고 집으로 돌아가는 길은 마치 ㉡하늘과 땅 사이의 빈 곳을 걷는 것처럼 발걸음이 가벼웠다.

1 윗글의 ㉠, ㉡의 뜻을 가진 낱말을 써 보세요.

(1) ㉠: 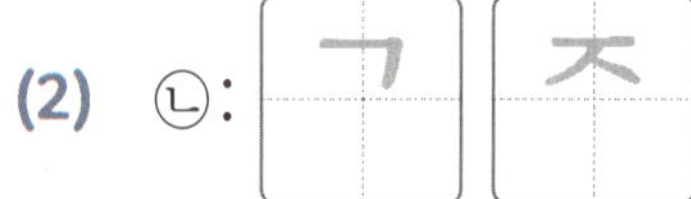

(2) ㉡:

2 '나'와 함께 아버지를 마중하러 간 사람이 누구인지 기호로 써 보세요.　　（　　　　）

㉠

㉡

㉢

우리말 속담

공중에 나는 기러기도 길잡이는 한 놈이 한다

어떤 일을 할 때는 한 사람의 지휘자가 이끌고 나가야 한다는 말

每 매양 매

每

뜻	소리
매양	매

매 때마다

每	勹	𠂉			
매양 매	매양 매				

유래

 →  → 每

每는 비녀를 꽂고 있는 여자의 모습을 본뜬 한자야.
비녀를 꽂았다는 것은 결혼해 어머니가 된 것으로, 每는 어머니가 한결같은
마음으로 자식을 위한다는 점에서 '늘'이나 '항상'을 의미해.

'매(每)'가 사용된 낱말에는 이런 것들이 있어요.

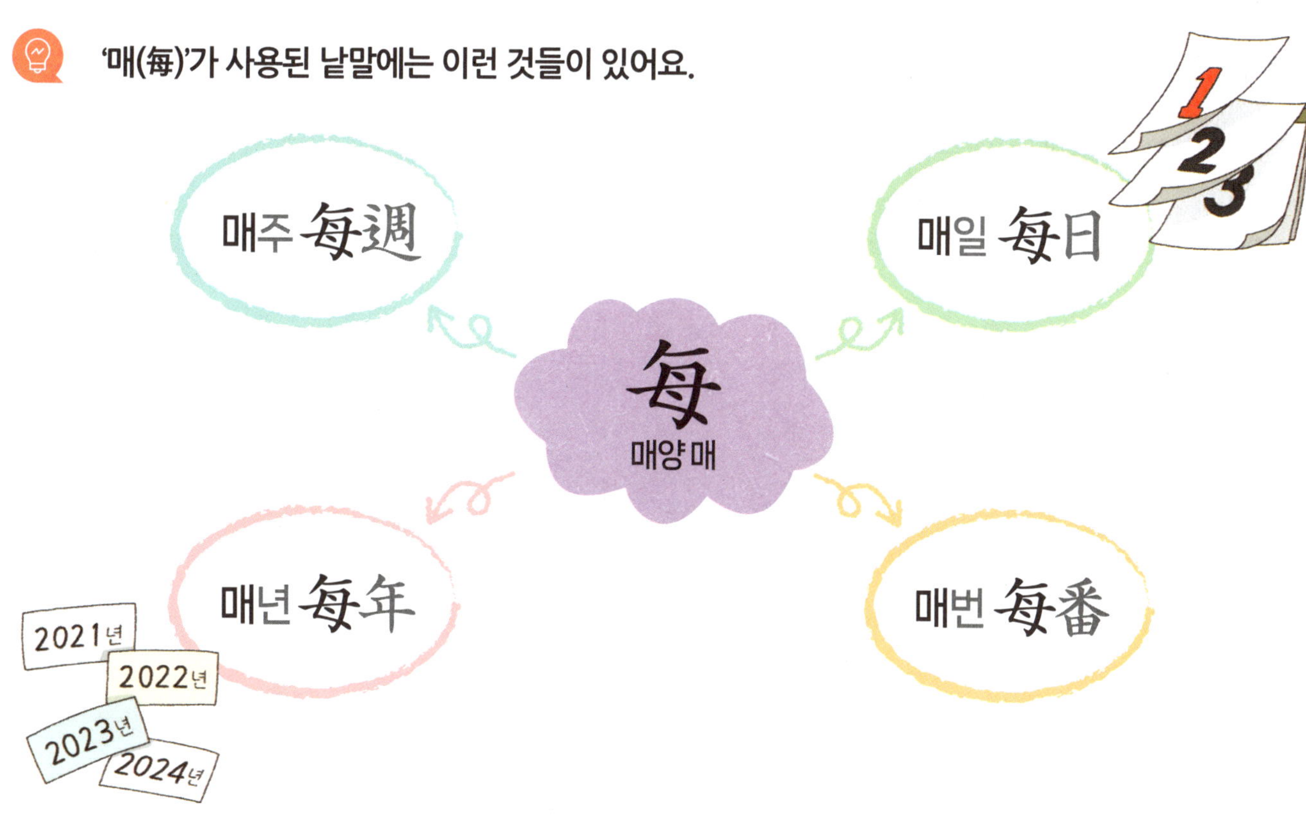

'매(每)'가 사용된 위의 낱말 중 다음 뜻에 맞는 낱말은 무엇인지 써 보세요.

1 한 해 한 해 또는 해마다를 말해요. →

2 각각의 차례 또는 매 때마다를 말해요. →

3 각각의 주 또는 각각의 주마다를 말해요. →

4 각각의 개별적인 날들 또는 하루하루마다를 말해요. →

1 다음 문장에 어울리는 낱말을 골라 ○표 하세요.

(1) (매년 / 매주) 추석에 우리 가족은 윷놀이를 한다.

(2) 한 달에 네 번 (매주 / 매월) 토요일 저녁에 친구들과 영화를 보러 간다.

2 다음 문장의 빈칸에 들어갈 알맞은 낱말을 찾아 색칠해 보세요.

(1) 나윤이는 이 주마다 한 번 있는 독서 모임에 [   ] 늦게 왔다.

매년   매번

(2) 일일 생활 계획표에는 내가 [   ] 해야 할 일이 가득 적혀 있다.

매일   매주

3 다음 낱말을 넣어 그림에 어울리는 문장을 써 보세요.

나는

아빠와 함께 축구를 한다.

📖 다음 글을 읽고 문제를 풀어 보세요.

　　ㄱ해마다 내 생일이 되면 우리 가족은 놀이공원에 간다. ㄴ하루하루마다 내 생일이 오기를 얼마나 기다렸는지 모른다. 드디어 내 생일에 놀이공원에 갔다. 나는 가자마자 내가 가장 좋아하는 롤러코스터로 갔다. 롤러코스터를 타기 전에는 매번 내 순서가 올 때까지 탈까 말까를 수없이 고민한다. 결국 내 순서가 되어 자리에 앉으면 처음에는 긴장해서 손에 땀이 나기도 하지만, 놀이 기구를 타다 보면 하늘을 날았던 것처럼 신이 난다. 나는 놀이공원에 매주 오고 싶다.

1 윗글의 ㄱ, ㄴ의 뜻을 가진 낱말을 써 보세요.

(1) ㄱ: [ㅁ][ㄴ]　　　　(2) ㄴ: [ㅁ][ㅇ]

2 롤러코스터를 타는 '나'의 마음으로 알맞은 것을 찾아 선으로 이어 보세요.

(1)　놀이 기구를 타기 전　•　　　•ㄱ 신남

(2)　놀이 기구 자리에 앉을 때　•　　　•ㄴ 고민

(3)　놀이 기구를 탈 때　•　　　•ㄷ 긴장

우리말 속담

마음이 콩밭에 가다

🔍 지금 해야 하는 일이 아닌 다른 것에 생각이나 관심이 있다는 말

붙임딱지

農 농사 농

農

뜻　　**소리**

농사　농

곡식, 과일의 씨, 모종을 심어 기르고
거두는 일

農	曲	冖		
농사 농	농사 농			

유래

농기구 → 𦦎 → 農

農은 논밭과 농기구를 든 손의 모습을 본뜬 한자야.
농작물을 수확하기 위해서 농기구를 이용해 논밭을 갈고
열심히 농사를 지어야한다는 의미지.

1단계 낱말 알아보기

💡 '농(農)'이 사용된 낱말에는 이런 것들이 있어요.

농사 農事

농부 農夫

農
농사 농

농장 農場

농촌 農村

✏️ '농(農)'이 사용된 위의 낱말 중 다음 뜻에 맞는 낱말은 무엇인지 써 보세요.

1 곡식이나 과일, 채소 등을 심고 기르고 거두는 일을 말해요. → 

2 곡식이나 과일, 채소 등을 심고 기르고 거두는 일을 직업으로 하는 사람을 말해요. →

3 땅, 농기구, 노동력 등을 갖추고 식물을 가꾸거나, 동물을 기르는 일을 하는 곳을 말해요. → 

4 곡식이나 과일, 채소 등을 심고 기르고 거두는 일을 하는 사람들이 주로 모여 사는 마을을 말해요. → 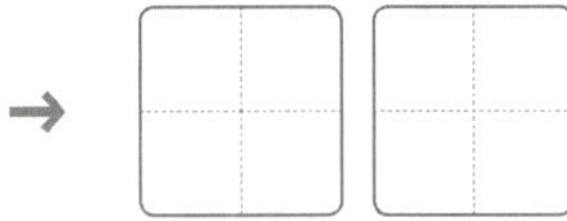

1 다음 문장에 어울리는 낱말을 골라 ○표 하세요.

(1) 토끼를 기르는 (농장 / 농사)에 가서 막 태어난 새끼를 보았다.

(2) 마을을 떠나는 사람이 늘어나자 (농부 / 농촌)에 일손이 부족해졌다.

2 '농(農)'이 들어간 **보기**의 낱말 중 빈칸에 알맞은 낱말을 골라 써 보세요.

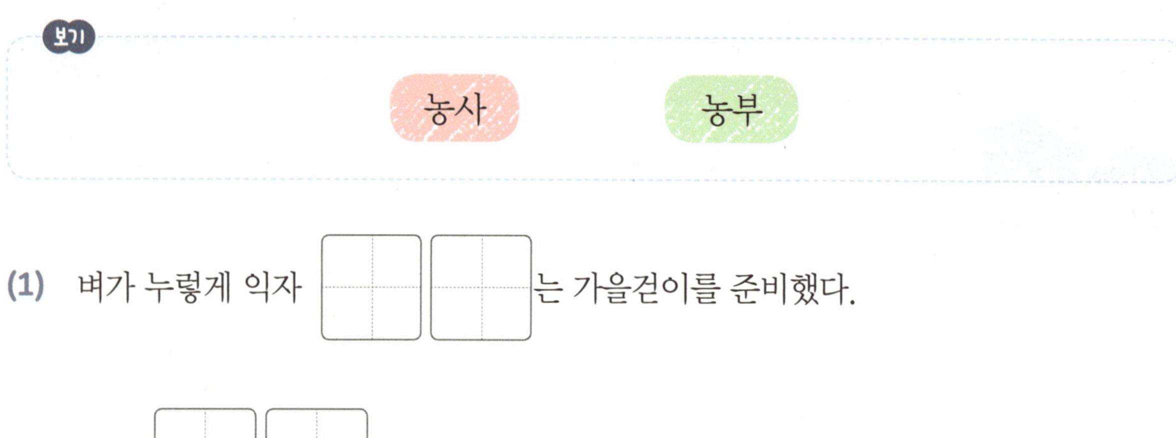

(1) 벼가 누렇게 익자   는 가을걷이를 준비했다.

(2) 올해   가 잘되려면 비가 더 많이 내려야 한다.

3 다음 낱말을 넣어 그림에 어울리는 문장을 써 보세요.

📖 다음 글을 읽고 문제를 풀어 보세요.

　지난주에는 딸기 농장으로 체험 학습을 갔다. 버스를 타고 학교 근처에 위치한 농촌 마을에 도착했다. 딸기 농장의 사장님께서 딸기 따는 방법을 알려 주셨다. 사장님은 원래 딸기를 ㉠심고 기르고 거두는 일을 직업으로 하는 사람이 아니셨는데, 가족들이 딸기를 너무 좋아해서 하시던 일을 그만두고 농촌으로 오셨다고 한다. 막상 와 보니 딸기를 ㉡심고 기르고 거두는 일이 무척 힘들었지만 딸기를 수확할 때 기쁘다고 하셨다. 체험 학습을 마친 후 내가 딴 딸기를 어머니께 가져다 드렸더니, 어머니께서 기뻐하셨다. 딸기 농장 사장님의 마음을 알 것 같았다.

1 윗글의 ㉠, ㉡의 뜻을 가진 낱말을 써 보세요.

(1) ㉠: ㄴ ㅂ

(2) ㉡: ㄴ ㅅ

2 '나'가 어머니께 딸기를 드리고 나서 느꼈을 마음을 알맞게 말한 친구는 누구인지 써 보세요. (　　　　)

- **서우**: 나도 어머니와 함께 농촌에 가서 살고 싶다.
- **정원**: 딸기 따는 것이 너무 힘들어서 다시는 하고 싶지 않다.
- **준이**: 어머니께서 기뻐하시는 모습을 보니 나도 농장 사장님처럼 기쁘다.

우리말 **속담**

콩 심은 데 콩 나고 팥 심은 데 팥 난다

🔍 모든 일은 원인에 따라 결과가 나타나는 것임을 비유적으로 이르는 말

車 수레 차(거)

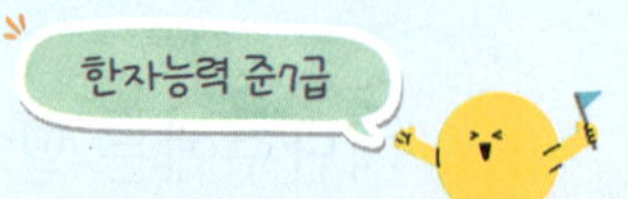

車

뜻 소리

수레 차(거)

바퀴를 달아서 굴러가게 만든 기구

車	白	一		
수레 차(거)	수레 차(거)			

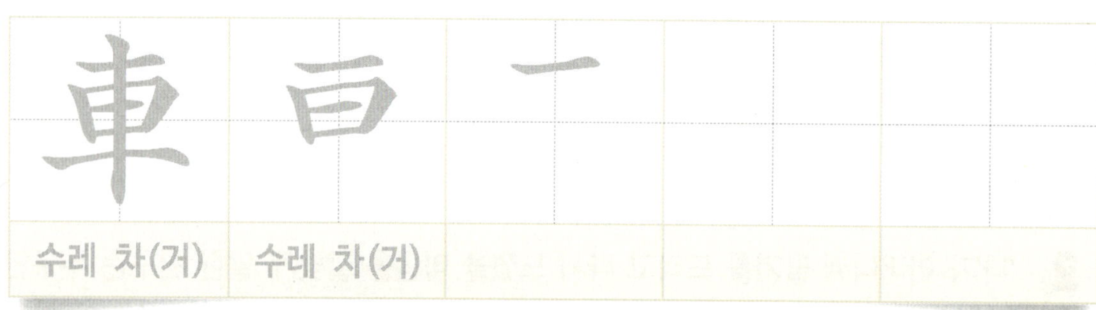

車는 사람이나 물건을 실었던 수레의 모습을 본뜬 한자야.
햇빛을 가려 주는 수레의 지붕과 양쪽의 큰 바퀴의 모습이 한자에 잘 드러나 있어.
車는 '차'와 '거' 두 가지로 발음해.

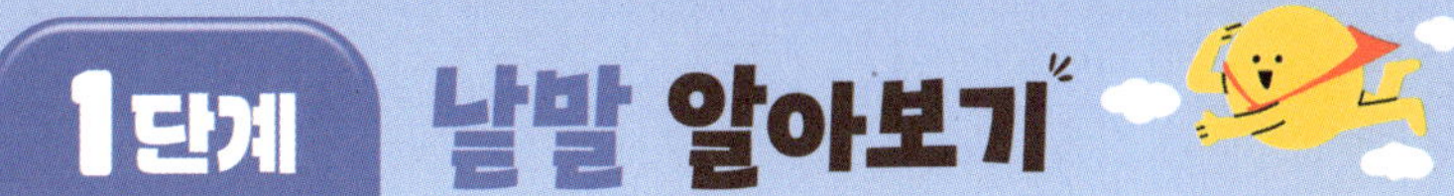

'차/거(車)'가 사용된 낱말에는 이런 것들이 있어요.

'차/거(車)'가 사용된 위의 낱말 중 다음 뜻에 맞는 낱말은 무엇인지 써 보세요.

1 타고 있던 차에서 내리는 것을 말해요. →

2 차가 멎거나 차를 멈추는 것을 말해요. →

3 사람이나 물건을 싣고 연료의 힘으로 철도 위를 달리는, 길이가 긴 차를 말해요. →

4 사람이 타고 앉아 두 다리의 힘으로 바퀴를 돌려서 앞으로 가게 된 탈것을 말해요. →

1 다음 문장의 빈칸에 들어갈 알맞은 낱말을 찾아 선으로 이어 보세요.

(1) (　　　　)를 타고 과일 가게에 갔다. ・

・ 정거

(2) 나는 달리는 자동차가 (　　　) 할 때마다, 차에서 내려서 스트레칭을 했다. ・

・ 자전거

2 다음 문장의 빈칸에 들어갈 알맞은 낱말을 찾아 색칠해 보세요.

(1) 버스에서 　　　　　 할 때는 순서대로 내려야 안전하다.

하차　　　　　기차

(2) 역에서 KTX 　　　　　를 타고 서울에서 출발해 부산에 도착했다.

기차　　　　　자전거

쓰기 활동

3 다음 낱말을 넣어 그림에 어울리는 문장을 써 보세요.

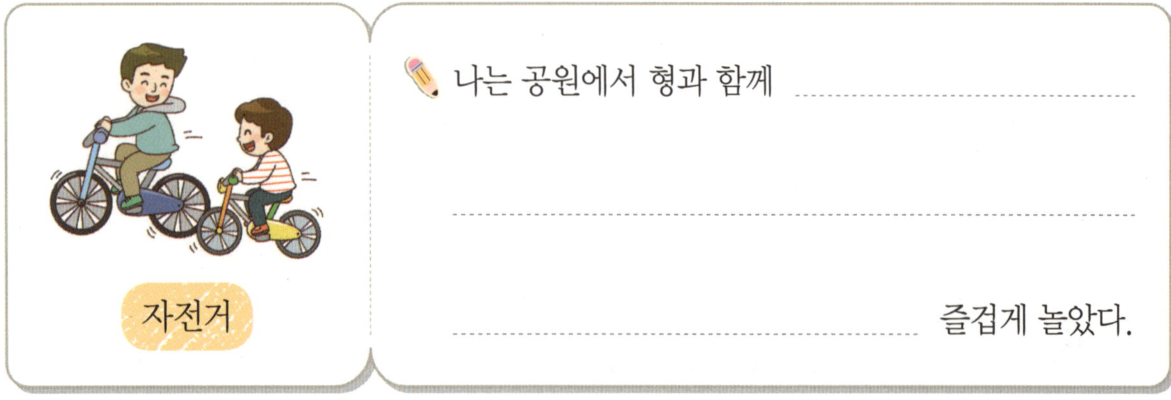

✏️ 나는 공원에서 형과 함께 ________________________

____

________________________ 즐겁게 놀았다.

다음 글을 읽고 문제를 풀어 보세요.

> 오늘은 기차를 타고 친구들과 춘천에 가는 날이다. 역에 도착하니 친구들이 와 있었다. 간식을 나눠 먹는 사이 춘천에 도착했다. 춘천역에 ㉠차가 멈추었을 때 우리는 차례대로 ㉡차에서 내렸다. 춘천에 도착해서는 남이섬, 수목원 등에도 가 보고 닭갈비도 먹었다. 특히 호수 근처에서 자전거를 탄 일은 가장 잊지 못할 추억이 되었다. 시간이 짧아 더 많은 곳을 가지 못한 것이 아쉬웠다. 다음에는 가족과 춘천에 와 보고 싶다.

1 윗글의 ㉠, ㉡의 뜻을 가진 낱말을 써 보세요.

(1) ㉠: 

(2) ㉡: 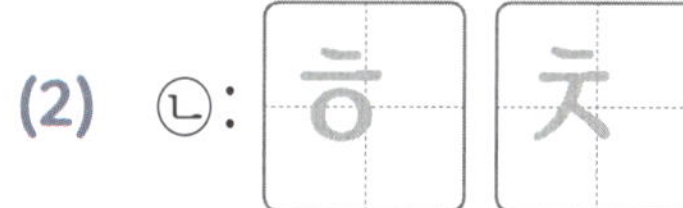

2 춘천에서 가장 잊지 못할 추억이 된 것으로 알맞은 기호를 찾아 써 보세요. (   )

㉠

수목원에 간 일

㉡

닭갈비를 먹은 일

㉢

호수 근처에서
자전거를 탄 일

바람 앞의 등불

🔍 언제 꺼질지 모르는 바람 앞의 등불이라는 뜻으로, 매우 위태로운 처지에 놓여 있음을 비유적으로 이르는 말

붙임딱지

한자 놀이

이름에 알맞은 한자를 찾아야 친구들이 집에 갈 수 있어요.
알맞은 한자를 찾아 색칠해 보세요.

숫자

공부한 날

월   일

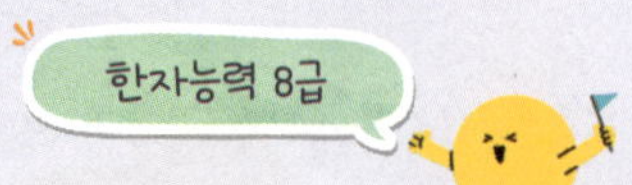

六

뜻   **소리**

여섯 륙(육)

다섯에 하나를 더한 수

六	亠	㇏		
여섯 륙(육)	여섯 륙(육)			

유래

1단계 낱말 알아보기

'륙/육(六)'이 사용된 낱말에는 이런 것들이 있어요.

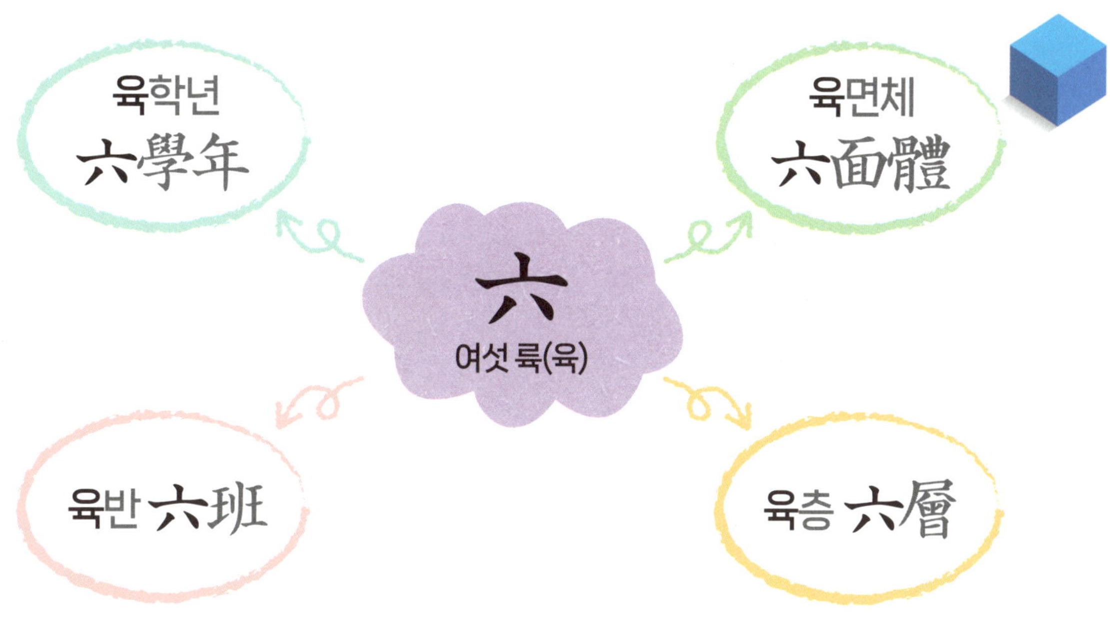

'륙/육(六)'이 사용된 위의 낱말 중 다음 뜻에 맞는 낱말은 무엇인지 써 보세요.

1 여섯 개의 평면으로 둘러싸인 도형이나 입체를 말해요. →

2 학교에서 한 학년을 학급으로 나눈 단위에서 여섯 번째를 말해요. →

3 건물의 같은 높이에 있는 부분을 아래에서 위로 차례를 매겨 셀 때 여섯 번째를 말해요. →

4 학습 수준에 따라 일 년 단위로 나눈 학교 교육의 단계에서 여섯 번째 단계를 말해요. →

1 다음 문장의 빈칸에 들어갈 알맞은 낱말을 찾아 선으로 이어 보세요.

(1) 우리 형은 초등학교의 최고 높은 학년인 (　　　　)이다.

• 육반

(2) 순서대로 사반, 오반, (　　　　) 이 독서 주제를 정하기로 했다.

• 육학년

2 다음 문장의 빈칸에 들어갈 알맞은 낱말을 찾아 색칠해 보세요.

(1) 음악실이 있는 　　　　 까지 계단으로 걸어서 올라가는 일은 힘들다.

육학년　　　　육층

(2) 어머니께서 나에게 주신 선물 상자는 　　　　 의 모양을 하고 있었다.

육면체　　　　육반

쓰기 활동

3 다음 낱말을 넣어 그림에 어울리는 문장을 써 보세요.

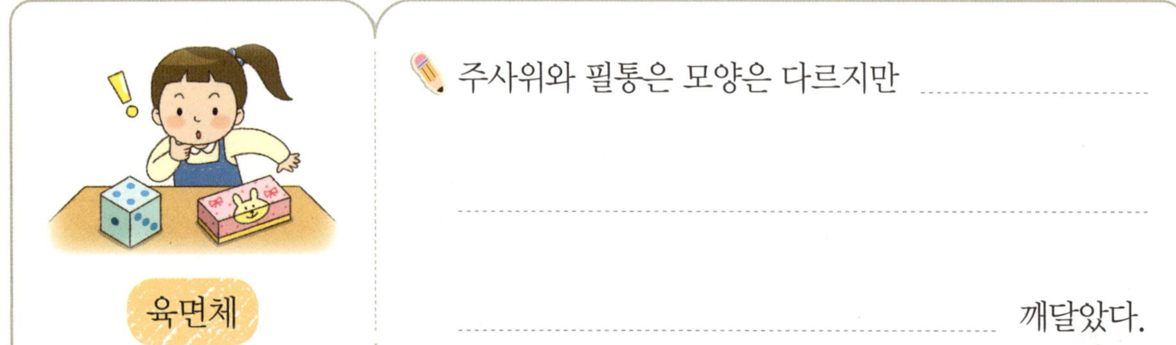

다음 글을 읽고 문제를 풀어 보세요.

　오늘은 육학년이 되고 학교에 가는 첫날이다. 등교하면서 만난 동생들의 모습이 귀여워 보였다. 육학년 교실은 우리 학교에서 가장 높은 곳인 ㉠여섯 번째 층에 위치해 있다. 계단을 올라가는 게 힘들지 않았다. 올해 나는 오반이 되었고 가장 친한 친구인 서윤이는 육반이 되었다. 다른 반이라 아쉬웠지만, 바로 옆 반이니 쉬는 시간마다 만나기로 했다. 첫 수업은 수학 시간이었다. 오늘은 ㉡여섯 개의 평면으로 둘러싸인 도형의 부피에 대해 배웠다. 오늘은 무엇을 배워도 즐겁다.

1 윗글의 ㉠, ㉡의 뜻을 가진 낱말을 써 보세요.

(1) ㉠:   ㅇ   ㅊ

(2) ㉡:   ㅇ   ㅁ   ㅊ

2 윗글의 내용으로 알맞은 것에는 ○, 알맞지 <u>않은</u> 것은 X표 하세요.

(1) '나'는 육반이 되었다.   (○ : ×)

(2) '나'는 등굣길에 만난 모든 동생들에게 인사를 했다.   (○ : ×)

(3) '나'의 교실은 우리 학교에서 가장 높은 층에 위치해 있다.   (○ : ×)

우리말 속담

친구는 옛 친구가 좋고 옷은 새 옷이 좋다
오래 사귄 친구일수록 정이 깊어서 좋다는 말

七 일곱 칠

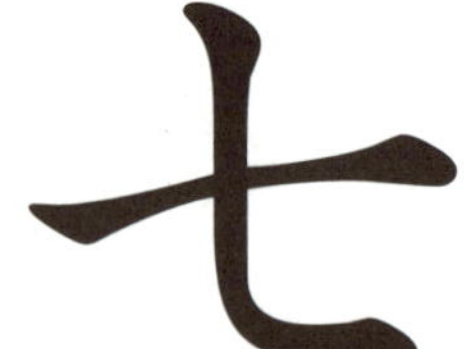

七

뜻   **소리**

일곱   칠

여섯에 하나를 더한 수

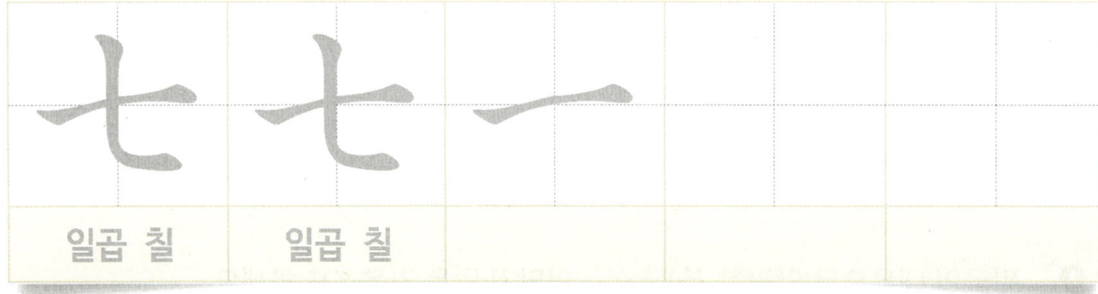

七	七	一		
일곱 칠	일곱 칠			

유래

1단계 낱말 알아보기

'칠(七)'이 사용된 낱말에는 이런 것들이 있어요.

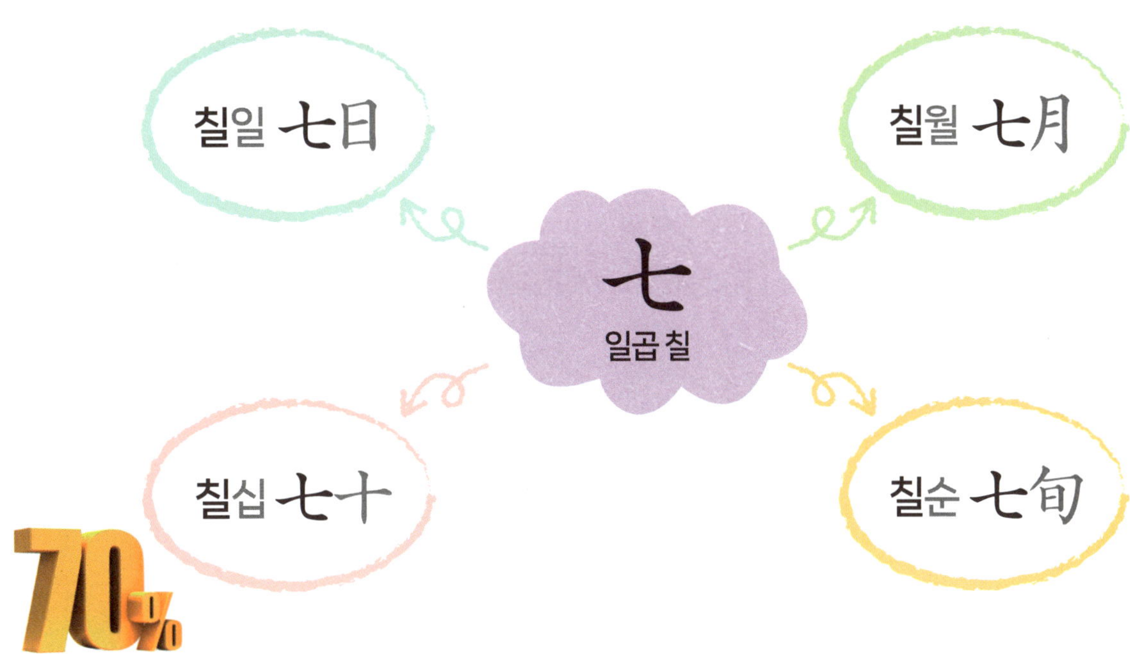

'칠(七)'이 사용된 위의 낱말 중 다음 뜻에 맞는 낱말은 무엇인지 써 보세요.

1 일흔 날 또는 일흔 살을 말해요. →

2 십의 일곱 배가 되는 수를 말해요. →

3 날을 세는 단위에 따른 일곱 번째 날을 말해요. →

4 한 해의 열두 달 가운데 일곱 번째 달을 말해요. →

1 '七(칠)'이 들어간 보기의 낱말 중 빈칸에 알맞은 낱말을 골라 써 보세요.

> 보기
>
> 칠순   칠월

(1) 앞으로 ☐☐ 날이 지나면 아기는 2살이 된다.

(2) 해마다 ☐☐ 쯤에 즐거운 여름 방학이 시작된다.

2 다음 문장에 어울리는 낱말을 골라 ○표 하세요.

(1) 일주일은 월요일부터 일요일까지 (칠순 / 칠일)이다.

(2) 누나는 (칠십 / 칠월) 일 동안 도서관에 열심히 다니기로 약속했다.

쓰기 활동

3 다음 낱말을 넣어 그림에 어울리는 문장을 써 보세요.

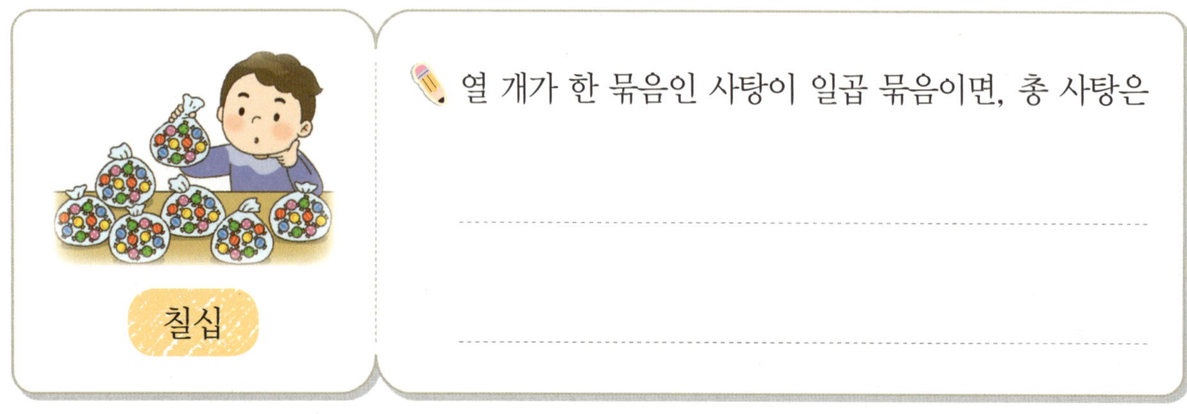

정답과 해설 • 14쪽

다음 글을 읽고 문제를 풀어 보세요.

할머니의 ㉠<u>일흔 살</u> 생신을 맞아 온 가족이 모여 잔치를 벌였다. 할머니께서 오시기 전에 나는 풍선을 불고, 언니는 편지를 쓰고, 어머니는 케이크를 준비하셨다.

도착하신 할머니께서는 환하게 웃으시며 "내가 칠십 년 전 칠월의 ㉡<u>일곱 번째 날</u> 태어났다. 모두 축하해 주어서 고맙다."라고 말씀하셨다. 나는 일곱 살이 되었는데 할머니께서 벌써 칠십 세가 되셨다고 하니 놀라웠다.

나는 할머니께 직접 만든 가족의 추억이 담긴 앨범을 선물해 드렸다. 할머니께서는 나를 꼭 안아 주셨다. 할머니께서 항상 건강하셨으면 좋겠다.

1 윗글의 ㉠, ㉡의 뜻을 가진 낱말을 써 보세요.

(1) ㉠: ㅊ ㅅ

(2) ㉡: ㅊ ㅇ

2 '나'와 가족이 잔치를 준비하면서 한 행동을 찾아 알맞게 이어 보세요.

(1) 나 •   • ㉠ 편지를 씀.

(2) 언니 •   • ㉡ 풍선을 불었음.

(3) 어머니 •   • ㉢ 케이크를 준비함.

칠월 장마는 꾸어서 해도 한다

우리나라의 칠월이 되면 장마가 반드시 온다는 말

八 여덟 팔

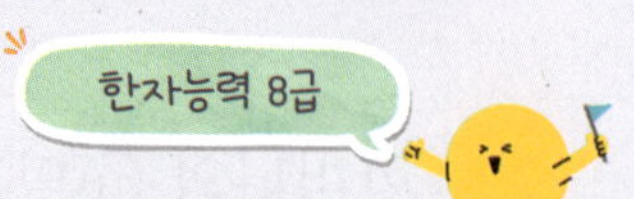

八

뜻	소리
여덟	팔

↳ 일곱에 하나를 더한 수

八	八 ノ				
여덟 팔	여덟 팔				

유래

八은 양 손에 네 개씩 손가락을 편 모양을 나타낸 한자야.
네 개와 네 개를 더하면 '여덟' 개가 되는 거지.
八은 '여덟' 이외에도 '나누다'의 의미를 가지고 있어.

1단계 낱말 알아보기

'팔(八)'이 사용된 낱말에는 이런 것들이 있어요.

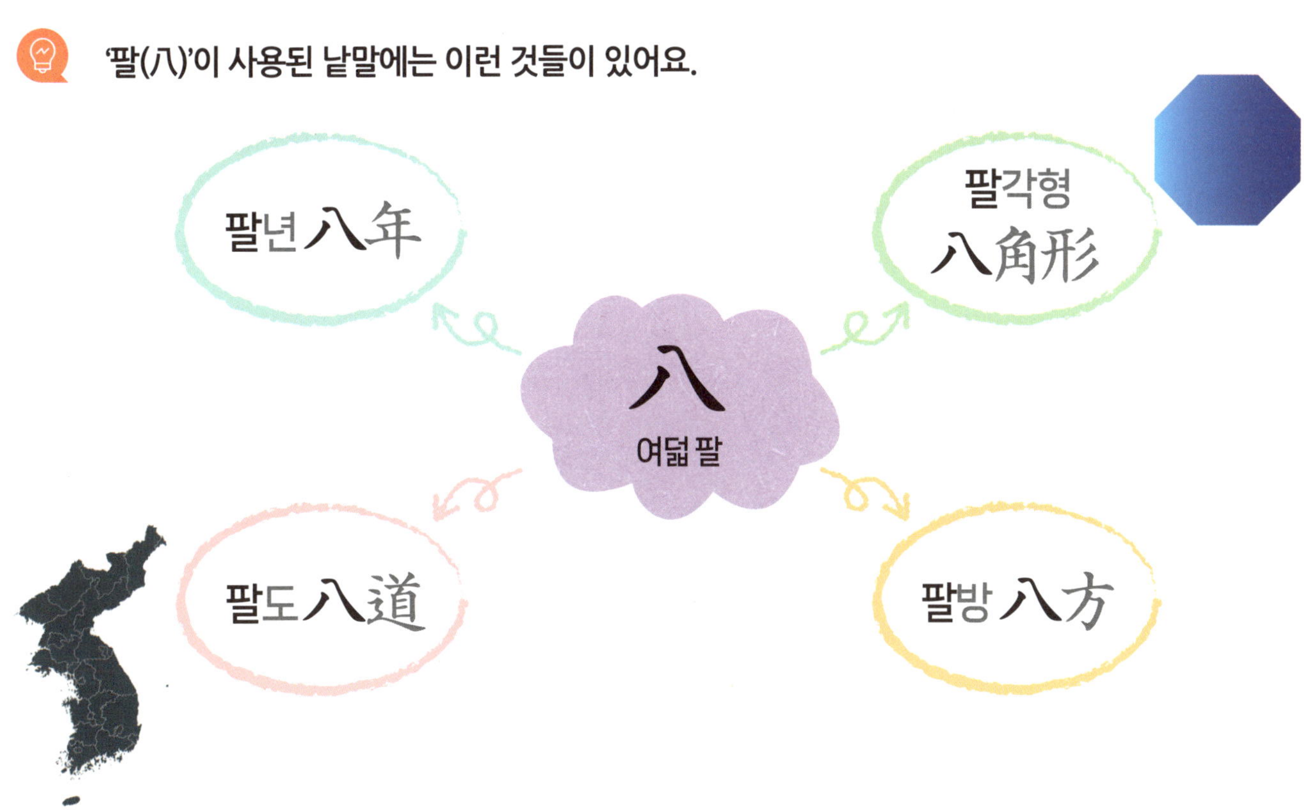

'팔(八)'이 사용된 위의 낱말 중 다음 뜻에 맞는 낱말은 무엇인지 써 보세요.

1 여덟 해를 말해요. →

2 여러 방향을 말해요. →

3 우리나라 전체를 말해요. →

4 여덟 개의 선으로 둘러싸인 도형을 말해요. →

1 다음 문장의 빈칸에 들어갈 알맞은 낱말을 찾아 선으로 이어 보세요.

(1) 김정호는 지도를 만들기 위해 전국 (   )을/를 다녔다. ·

· 팔각형

(2) 우리 동네 뒷산에는 (   ) 모양으로 지은 정자가 있다. ·

· 팔도

2 '팔(八)'이 들어간 **보기**의 낱말 중 빈칸에 알맞은 낱말을 골라 써 보세요.

보기

팔방   팔년

(1) 우리 집에 온 지 ☐☐ 이 된 강아지는 몸집이 엄청 커졌다.

(2) 고양이가 사라지자 우리 가족은 ☐☐ 으로 흩어져 고양이를 찾았다.

쓰기 활동

3 다음 낱말을 넣어 그림에 어울리는 문장을 써 보세요.

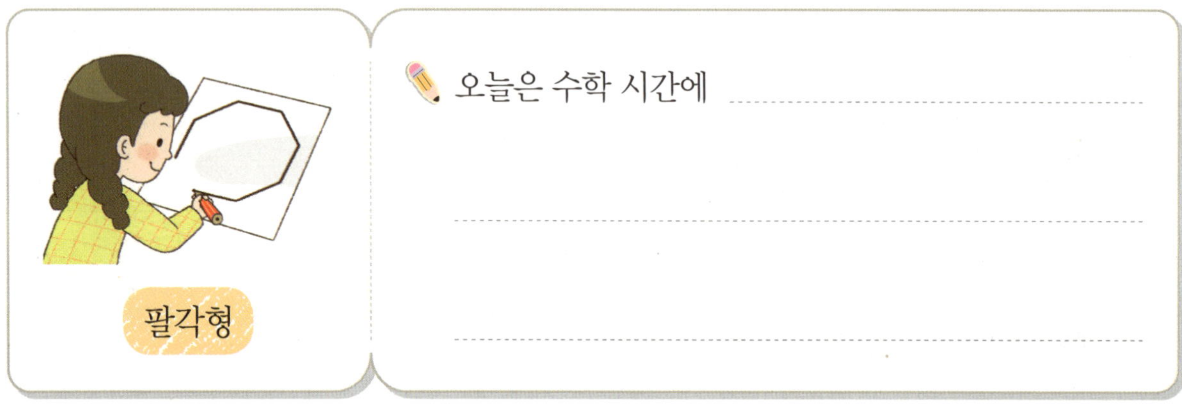

✏️ 오늘은 수학 시간에 __________________

____

____

다음 글을 읽고 문제를 풀어 보세요.

　산나물 축제가 ○○군에서 열렸다. 이 축제는 ㉠여덟 해 만에 다시 열렸다고 한다. 팔도의 많은 사람들이 모이니, ㉡여러 방향에서 즐거운 웃음소리가 들려 왔다.
　우리 가족은 주막에 들어가 팔각형 모양의 상에 앉아 비빔밥을 먹었다. 막 무쳐 낸 산나물을 밥과 함께 비벼 먹으니 정말 맛있었다. 밥을 다 먹은 후에는 산나물 따기 체험도 해 보고 여러 산나물도 구경했다. 내년에도 축제가 열리면 다시 와 보고 싶다.

1 윗글의 ㉠, ㉡의 뜻을 가진 낱말을 써 보세요.

(1) ㉠: | ㅍ | ㄴ |

(2) ㉡: | ㅍ | ㅂ |

2 '나'가 가족과 먹은 음식과, 음식이 놓인 상의 모양을 찾아 기호로 써 보세요. (　　　　)

㉠ 　　㉡ 　　㉢ 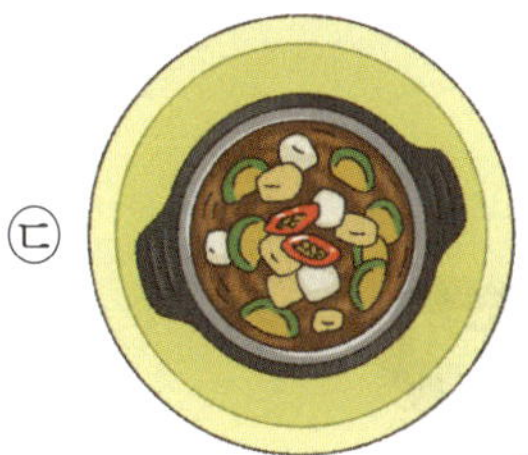

우리말 속담

팔도를 무른 메주 밟듯

🔍 전국 방방곡곡을 두루 돌아다님을 비유적으로 이르는 말

九 아홉 구

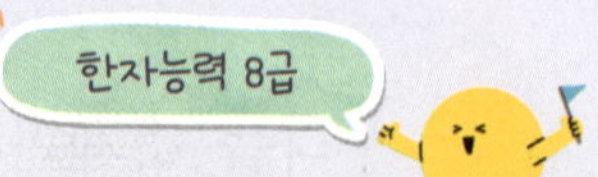

九

뜻   **소리**

아홉   구

여덟에 하나를 더한 수

九	九 ノ			
아홉 구	아홉 구			

유래

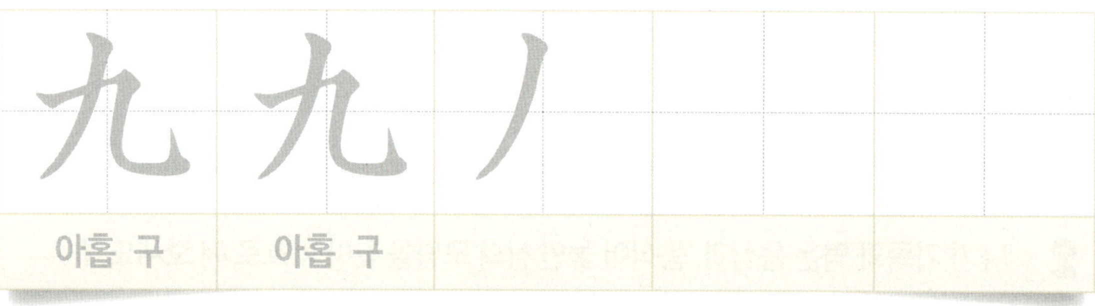

九는 한쪽 손은 손가락 다섯 개를,
다른 한쪽 손은 손가락 네 개를 편 모양을 나타낸 한자야.
다섯과 넷을 더하면 '아홉'이 되는 거지.

💡 '구(九)'가 사용된 낱말에는 이런 것들이 있어요.

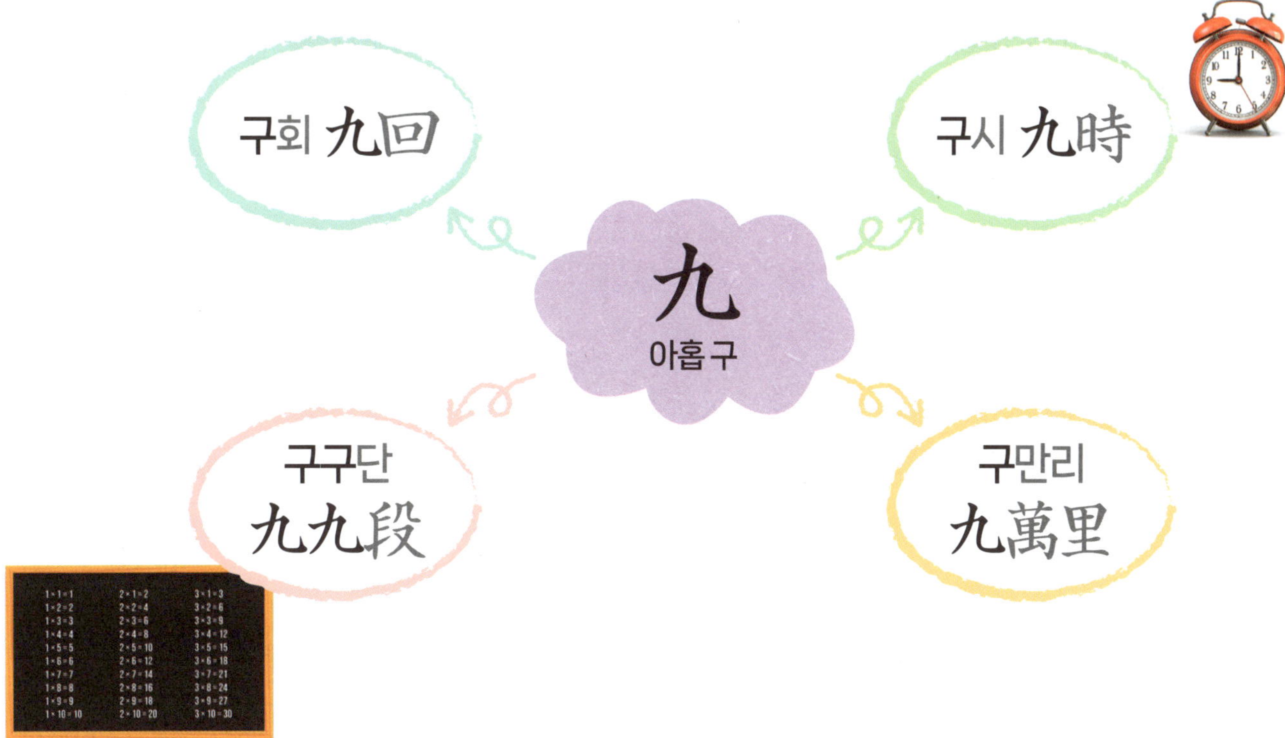

✏️ '구(九)'가 사용된 위의 낱말 중 다음 뜻에 맞는 낱말은 무엇인지 써 보세요.

1 아홉 시를 말해요. →
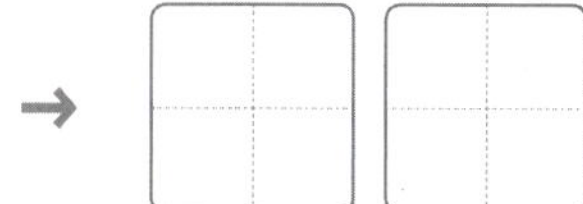

2 아홉 번째로 돌아오는 차례를 말해요. →
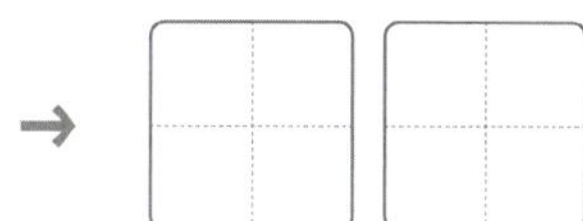

3 아득하게 먼 거리를 비유적으로 이르는 것을 말해요. →
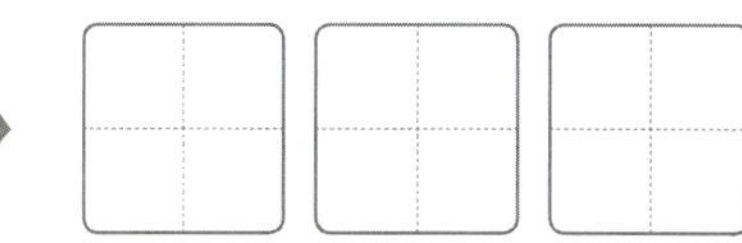

4 1에서 9까지의 각 수를 두 수끼리 서로 곱하여 그 값을 나타낸 것을 말해요. →
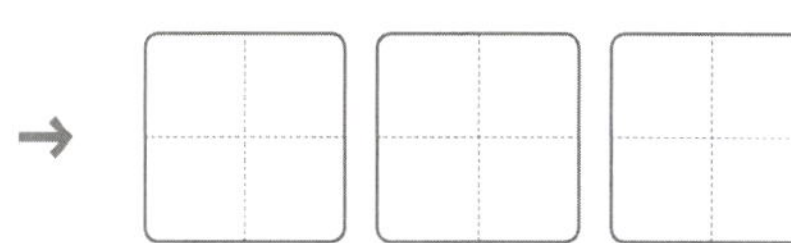

1 다음 문장에 어울리는 낱말을 골라 ○표 하세요.

(1) 나는 시계가 밤 (구시 / 구구단)을/를 가리키면 잠자리에 든다.

(2) 우리가 잡았다가 다시 놓아 준 새는 (구회 / 구만리) 밖으로 날아갔다.

2 다음 문장의 빈칸에 들어갈 알맞은 낱말을 찾아 색칠해 보세요.

(1) 덧셈과 뺄셈은 쉬운데 [　　　　] 와/과 나눗셈은 아직 어렵다.

　　　구시　　　　　구구단

(2) 오래 하지 못할 것 같던 독서 모임은 팔회를 지나 [　　　　] 가 되었다.

　　　구회　　　　　구만리

쓰기 활동

3 다음 낱말을 넣어 그림에 어울리는 문장을 써 보세요.

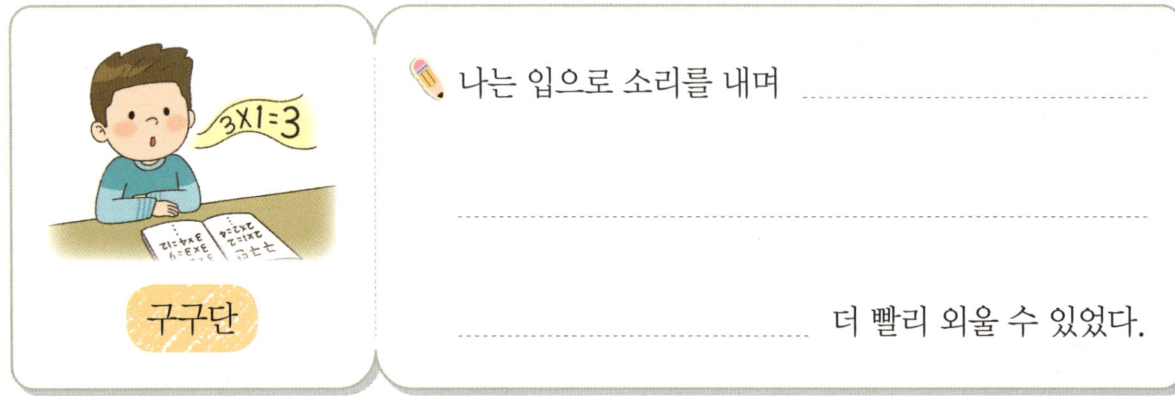

다음 글을 읽고 문제를 풀어 보세요.

일요일에는 오전 ㉠아홉 시부터 친구들과 야구를 시작했다. 우리 팀은 경기 내내 상대 팀에게 밀렸다. 마지막 **구회**를 남긴 상황에서 우리 팀은 상대 팀보다 3점을 뒤지고 있었다. 상대 팀은 자신들이 이길 거라 믿으며 대충 경기를 했다. 나는 **구구단**을 외우듯 우리 팀이 이길 수 있게 해 달라고 빌었다. 내 앞의 선수가 1점을 더 낸 뒤에 내 차례가 되었다. 나는 방망이를 힘껏 휘둘렀다. 야구공은 ㉡아득하게 먼 거리를 날아갔다. 결과는 3점 홈런이었고 우리 팀은 승리했다. 나는 이루 말할 수 없는 기쁨으로 환호성을 질렀다.

1 윗글의 ㉠, ㉡의 뜻을 가진 낱말을 써 보세요.

(1) ㉠: | ㄱ | ㅅ |

(2) ㉡: | ㄱ | ㅁ | ㄹ |

2 윗글의 내용으로 알맞은 것에는 ○, 알맞지 <u>않은</u> 것은 X표 하세요.

(1) 우리 팀은 1점 차이로 상대 팀을 이겼다. (○ ┊ ×)

(2) 우리 팀은 밤 아홉 시에 야구 경기를 했다. (○ ┊ ×)

(3) 우리 팀은 내 차례가 되기 전까지 상대 팀에게 2점으로 뒤지고 있었다. (○ ┊ ×)

우리말 속담

시작이 반이다

🔍 무슨 일이든지 일단 시작하면 일을 끝마치기는 그리 어렵지 아니함을 비유적으로 이르는 말

붙임딱지

十 열 십

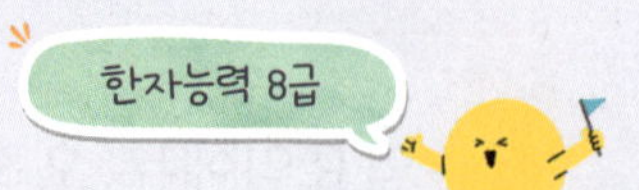

뜻 **소리**

열 **십**

아홉에 하나를 더한 수

十	十	一		
열 십	열 십			

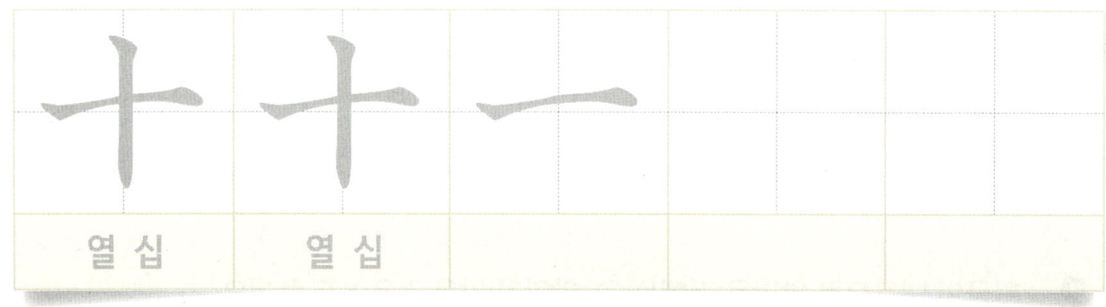

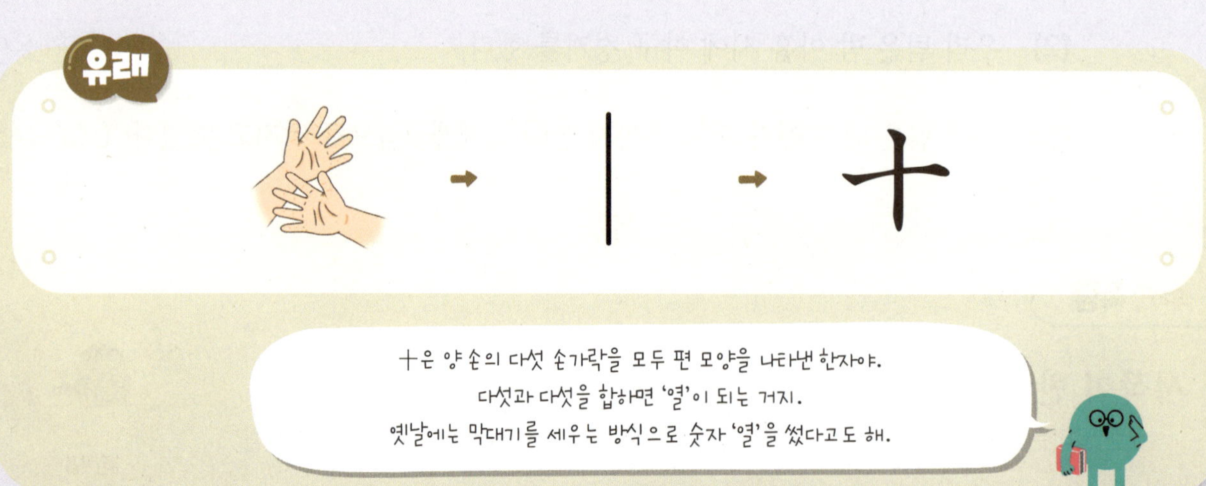

💡 '십(十)'이 사용된 낱말에는 이런 것들이 있어요.

✏️ '십(十)'이 사용된 위의 낱말 중 다음 뜻에 맞는 낱말은 무엇인지 써 보세요.

1 '十'과 같은 모양을 말해요. →

2 십의 여러 배가 되는 수를 말해요. →

3 한 시간의 60분의 1에 해당하는 시간이 열 번 지나는 동안의 시간을 말해요. →

4 열 가운데 여덟이나 아홉 정도로 거의 대부분이거나 틀림없다는 것을 말해요. →

1 다음 문장의 빈칸에 들어갈 알맞은 낱말을 찾아 선으로 이어 보세요.

(1) 아버지는 어릴 적 친구를 (   ) 년 만에 만나셨다. • • 십분

(2) 등교 시간에 (   )을 지각한 나는 선생님께 혼이 났다. • • 수십

2 다음 문장의 빈칸에 들어갈 알맞은 낱말을 찾아 색칠해 보세요.

(1) 복습하지 않으면 [   ] 배운 내용을 잊어버린다.

십대   십중팔구

(2) 나는 문득 병원을 상징하는 모양이 왜 [   ] 모양인지 궁금해졌다.

십자   십분

3 다음 낱말을 넣어 그림에 어울리는 문장을 써 보세요.

✏️ 유명한 피아니스트의 공연을 보기 위해 ______________

____

______________ 공연장을 찾았다.

📖 다음 글을 읽고 문제를 풀어 보세요.

　　오늘은 주하와 도서관에 가기로 한 날이다. 우리는 십자 모양의 교차로 앞에서 아홉 시에 만나기로 약속했다. 나는 아홉시가 되기 십분 전에 도착해서 주하를 기다렸지만 주하는 ㉠십의 여러 배가 되는 분이 지나도 약속 장소에 오지 않았다. 주하는 어젯밤에 텔레비전을 보느라 새벽에 잠들어, ㉡열 가운데 여덟이나 아홉 정도로 거의 틀림없이 늦잠을 잔 것이 분명했다. 나는 화가 나서 도서관에 먼저 갔다. 주하는 내게 미안하다고 했지만 나는 쉽게 화를 풀지 않았다. 이번 기회에 약속의 중요성을 주하에게 꼭 알려 주어야겠다.

1 윗글의 ㉠, ㉡의 뜻을 가진 낱말을 써 보세요.

(1) ㉠: ㅅ　ㅅ

(2) ㉡: ㅅ　ㅈ　ㅍ　ㄱ

2 윗글의 내용으로 알맞은 것을 찾아 선으로 이어 보세요.

(1) 약속 시간 •　　　　　• ㉠ 교차로 앞

(2) 약속 장소 •　　　　　• ㉡ 아홉 시

우리말 속담

열 손가락 깨물어 안 아픈 손가락이 없다

🔍 자식은 모두 귀하고 소중하다는 것을 이르는 말

萬 일만 만

萬

뜻 **소리**

일만   만

천의 열 배가 되는 수

萬	苩	ヰ		
일만 만	일만 만			

유래

 →  → 萬

萬은 앞발을 내밀고 있는 전갈의 모습을 본뜬 한자야.
전갈이 알을 무척 많이 낳는다는 데서 '일만'을 의미하게 된 거래.

'만(萬)'이 사용된 낱말에는 이런 것들이 있어요.

'만(萬)'이 사용된 위의 낱말 중 다음 뜻에 맞는 낱말은 무엇인지 써 보세요.

1 세계의 모든 나라를 말해요. →

2 세상에 있는 모든 것을 말해요. →

3 매우 종류가 많은 여러 가지를 말해요. →

4 바람이나 기쁨 등을 나타내기 위해 두 손을 높이 들면서 외치는 말에 따라 하는 동작을 말해요. →

1 다음 문장에 어울리는 낱말을 골라 ○표 하세요.

(1) 밤이 되니 창밖의 (만국 / 만물)도 잠에 든 것 같았다.

(2) 줄다리기에서 이긴 백군은 승리의 (만세 / 오만)을/를 불렀다.

2 '만(萬)'이 들어간 보기의 낱말 중 빈칸에 알맞은 낱말을 골라 써 보세요.

(1) 그녀는 ☐☐ 의 평화를 위해서 평생을 바쳤다.

(2) 발명가인 그의 방에는 ☐☐ 가지의 물건이 나뒹굴었다.

3 다음 낱말을 넣어 그림에 어울리는 문장을 써 보세요.

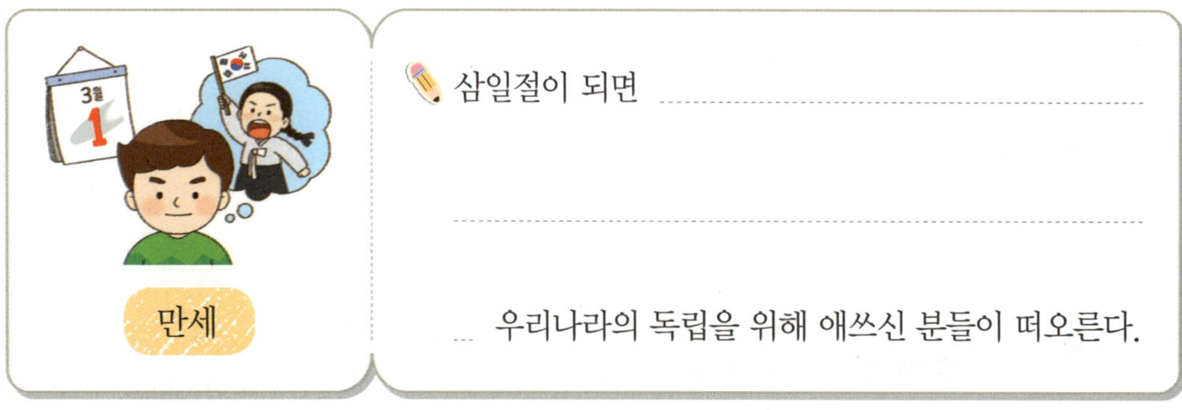

📖 **다음 글을 읽고 문제를 풀어 보세요.**

> 4년마다 열리는 ㉠세계 모든 나라의 가장 큰 축제인 올림픽이 시작되면 ㉡세상에 있는 모든 것이 깨어나듯 지구촌이 들썩인다. 각국의 국민들은 승리를 위해 만세를 부르고 오만 가지의 응원 방법으로 자신의 나라를 응원하는 데 진심을 다한다. 1896년에 그리스 아테네에서 처음 열린 올림픽은 성화 봉송으로 시작을 알렸으며 우리나라에서는 1988년 서울과 2018년 평창에서 올림픽이 개최되었다. 올림픽의 정신은 승리가 아닌 참여하는 데 있으며, 성공보다 노력이 중요함을 일깨우고 나아가 세계 평화를 소망하는 데 있다.

1 윗글의 ㉠, ㉡의 뜻을 가진 낱말을 써 보세요.

(1) ㉠: ㅁ ㄱ

(2) ㉡: ㅁ ㅁ

2 윗글에 대한 설명으로 알맞지 <u>않은</u> 것은 무엇인가요? (   )

① 올림픽은 4년마다 열린다.
② 올림픽은 우리나라에서 두 번 개최되었다.
③ 올림픽은 그리스에서 처음으로 시작되었다.
④ 올림픽은 승리하고 성공하는 것이 중요하다.
⑤ 올림픽이 열리면 각자 자신의 나라를 응원하는 데 진심을 다한다.

우리말 속담

만 리 길도 한 걸음으로 시작된다
🔍 아무리 큰 일도 작은 일로부터 비롯된다는 말

붙임딱지

한자 놀이

낱말에 알맞은 한자어에 색칠하고 펭아를 만나러 가세요.

배움 01~06
한자 놀이
빈칸에 들어갈 알맞은 한자를 들고 있는 동물 친구를 찾아 동그라미 하세요.
學
校
居
先
進
入 ? 生
登 ? 服
溫 ? 內
于 ? 祖
垂 ? 線
轉
歌
室
輩
直
034 ● 똑똑 초등 한자 어휘

자연 01~06
한자 놀이
빈칸에 들어갈 알맞은 한자어를 써서 예쁜 꽃을 완성하세요.
岸
洋 海 風
女
川 山 城
登
村 江 邊
湖
氣
話 電 球
充
060 ● 똑똑 초등 한자 어휘

나라 01~06
한자 놀이
원숭이들이 어디를 잡아야 바나나를 먹을 수 있을까요?
한자의 알맞은 소리를 찾아 색칠해 보세요.
韓
國
民
王
軍
漢
산 한 안
죽 숙 국
민 신 진
왕 광 황
문 춘 군
간 한 단
086 ● 똑똑 초등 한자 어휘

생활 01~06
한자 놀이
이름에 알맞은 한자를 찾아야 친구들이 집에 갈 수 있어요.
알맞은 한자를 찾아 색칠해 보세요.
힘 력/역
농사 농
문 문
매양 매
窓 事 週 番
重 門 農 每
力 場 自
間
112 ● 똑똑 초등 한자 어휘

한자 놀이

낱말에 알맞은 한자어에 색칠하고 펭아를 만나러 가세요.

MEMO

똑독 초등 한자 어휘 2단계 붙임딱지

하루 공부를 끝낼 때마다 붙임딱지를 붙여 보세요.

똑똑한 독해 3원리로 문해력의 문을 열어요!

핵심 내용 정리하기

글의 글감을 확인하고
문장의 중요한 정보들이
무엇인지 살펴봅니다.

짜임 이해하기

문단 간의 관계를 통해
한 편의 글이
어떤 짜임을 갖추고
있는지 확인합니다.

내용 요약하기

글 전체의 내용을
한두 문장의
짧은 글로 요약하여
표현할 수 있도록 훈련합니다.

• 이투스북 도서는 전국 서점 및 온라인 서점에서 구매하실 수 있습니다.   • 이투스북 온라인 서점 | www.etoosbook.com

이투스북

똑똑 초등 한자 어휘는

한자 어휘 - 문장 - 글의 단계적 학습으로
문해력을 기를 수 있는 교재입니다.

낱말 알아보기

교과서 및 일상 어휘, 한자능력검정시험에서 선별한
주제별 한자와 관련 어휘를 배울 수 있습니다.

문제 풀기

학습한 어휘의 문맥적 의미를 파악하는 문제를 통해
실제 쓰임을 익히고, 쓰기 활동을 통해 쓰기 능력을 기를 수 있습니다.

글로 익히기

어휘가 사용된 글을 독해하며 어휘의 의미를 되새기고
독해 문제를 풀며 문해력을 키울 수 있습니다.

이투스북

똑똑

초등 한자 어휘

자기 주도형 심화 학습 노트

- 한자 쓰기 노트 및 확인 문제
- 한자능력검정시험 모의 문제

2단계 | 새싹 　　초등 1·2학년

똑똑
똑똑한 독해, 똑독

자기 주도형
심화 학습 노트

• 본책에서 일차별로 학습한 내용을 이 책 안에 정리해 보세요.

오늘 배운 한자를 다시 써 보세요.

배울 학

오늘 배운 한자를 다시 익혀 보세요.

1 다음 한자의 읽는 소리를 써 보세요.

(1) 放 (　　　　)　　　　(2) 入 (　　　　)

2 다음 밑줄 친 말에 해당하는 한자를 **보기**에서 찾아 써 보세요.

> **보기**
>
> 生　　　　轉　　　　學

(1) 오늘 아침에 새 친구가 <u>전학</u>을 왔다.　→ ________

(2) 학교 앞 횡단보도에서 <u>학생</u>들이 우르르 길을 건넌다.　→ ________

 오늘 배운 낱말을 확인해 보세요.

1 다음 문장에 어울리는 낱말을 골라 ○표 하세요.

(1) 겨울 (방학 / 입학)이 되면 할머니 댁에 갈 것이다.

(2) 학교에 (입학 / 방학)하면 친구를 많이 사귀고 싶다.

(3) 운동장에서 (학교 / 학생)들이 모여서 축구를 하고 있다.

2 '학(學)'이 들어간 보기 의 낱말 중 빈칸에 알맞은 낱말을 골라 써 보세요.

보기

| 전학 | 방학 | 입학 |

(1) 여름 ⬚ 을 맞아 생활 계획표를 만들었다.

(2) 아버지를 따라 다른 학교로 옮겨 ⬚ 을 가야 한다.

(3) 할머니께서 중학교에 들어가는 ⬚ 선물로 자전거를 사 주셨다.

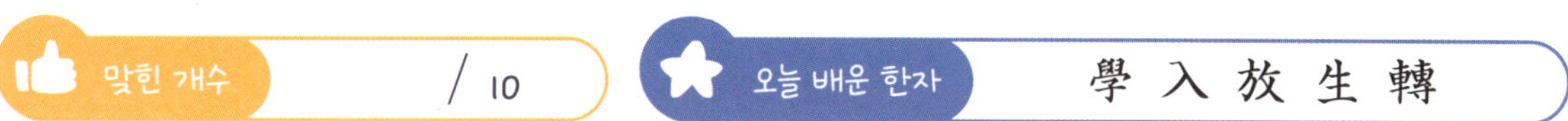

 오늘 배운 한자를 다시 써 보세요.

校
학교 교

 오늘 배운 한자를 다시 익혀 보세요.

1 다음 한자의 읽는 소리를 써 보세요.

(1) 服 (　　　)　　　(2) 歌 (　　　)

2 다음 소리에 해당하는 한자를 보기 에서 찾아 써 보세요.

보기

 學　　　校　　　登 

(1) 교 ➡ ______　　(2) 학 ➡ ______　　(3) 등 ➡ ______

오늘 배운 낱말을 확인해 보세요.

1 다음 문장의 빈칸에 들어갈 알맞은 낱말을 찾아 선으로 이어 보세요.

(1) 우리 (　　　　) 교복은 파란색이다.　　·

· 등교

(2) 내일은 아침에 일찍 (　　　　) 해 예습을 할 것이다.　　·

· 학교

2 다음 문장의 빈칸에 들어갈 알맞은 낱말을 찾아 색칠해 보세요.

(1) 골목길은 [　　　] 하는 학생들로 가득 찼다.

학교　　　등교

(2) 비가 오는 바람에 [　　　] 이/가 흠뻑 젖었다.

교가　　　교복

(3) 전교생이 부르는 [　　　] 소리가 운동장에 크게 울려 퍼졌다.

교복　　　교가

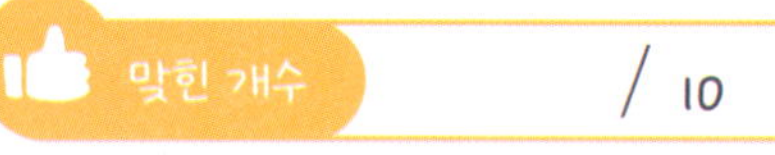

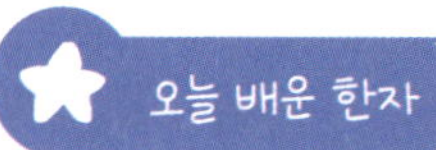

 오늘 배운 한자를 다시 써 보세요.

오늘 배운 한자를 다시 익혀 보세요.

1 다음 한자의 읽는 소리를 써 보세요.

(1) 育 (　　　　)　　　(2) 師 (　　　　)

2 다음 밑줄 친 말에 해당하는 한자를 보기 에서 찾아 써 보세요.

(1) 영화를 보고 자연은 소중하다는 <u>교훈</u>을 얻었다.　→ __________

(2) 수학 <u>교과서</u>에서 곱셈과 나눗셈에 대해 배웠다.　→ __________

오늘 배운 낱말을 확인해 보세요.

1 다음 문장의 빈칸에 들어갈 알맞은 낱말을 찾아 색칠해 보세요.

(1) 나는 [ ]에 나온 확인 문제를 풀어 보았다.

교사　　　　교과서

(2) 공부할 수 있는 [ ] 환경을 갖추는 것이 중요하다.

교육　　　　교훈

(3) 나는 이번 실패를 [ ](으)로 삼아 다시는 실수하지 않을 것 이다.

교훈　　　　교사

2 다음 문장에 어울리는 낱말을 골라 ○표 하세요.

(1) 가방에 국어 (교사 / 교과서)가 없어서 깜짝 놀랐다.

(2) 가정에서 아이들에게 안전 (교육 / 교훈)을 반드시 해야 한다.

(3) 담임 선생님은 올해 처음으로 (교사 / 교훈)이/가 되신 분이시다.

 오늘 배운 한자를 다시 써 보세요.

集 실

오늘 배운 한자를 다시 익혀 보세요.

1 다음 한자의 읽는 소리를 써 보세요.

(1) 居 (   )   (2) 溫 (   )

2 다음 소리에 해당하는 한자를 **보기** 에서 찾아 써 보세요.

보기

室   敎   內

(1) 교 → ______   (2) 실 → ______   (3) 내 → ______

 오늘 배운 낱말을 확인해 보세요.

1 다음 문장의 빈칸에 들어갈 알맞은 낱말을 찾아 선으로 이어 보세요.

(1) (　　　　)에서 야자나무를 보니 열대 지방에 온 것 같았다.　　·

·　실내

(2) 저녁 식사 후에 우리 가족은 (　　　　)에 모여서 과일을 먹었다.　　·

·　온실

(3) 갑자기 내린 비로 운동장이 아닌 (　　　　) 체육관에서 수업을 한다는 방송이 나왔다.　　·

·　거실

2 '실(室)'이 들어간 보기 의 낱말 중 빈칸에 알맞은 낱말을 골라 써 보세요.

보기

온실　　　　교실

(1) 학교 [　　　]의 가장 앞에는 칠판이 있다.

(2) 따뜻한 [　　　] 속의 꽃들은 추운 겨울에도 활짝 피어 있다.

맞힌 개수 　/ 10　　오늘 배운 한자　　室 敎 溫 居 內

 오늘 배운 한자를 다시 써 보세요.

오늘 배운 한자를 다시 익혀 보세요.

1 다음 한자의 읽는 소리를 써 보세요.

(1) 千 (   )   (2) 生 (   )

2 다음 밑줄 친 말에 해당하는 한자를 보기 에서 찾아 써 보세요.

(1) 이 누나는 우리 학교 <u>선배</u>이다.   → ________

(2) 우리 <u>선조</u>들은 주로 농사를 짓고 살았다.   → ________

 오늘 배운 낱말을 확인해 보세요.

1 다음 문장의 빈칸에 들어갈 알맞은 낱말을 찾아 색칠해 보세요.

(1) 물놀이를 하기 전에 [   ] 준비 운동을 했다.

우선　　　　선조

(2) 반에는 한 분의 [   ]과 여러 명의 제자들이 있다.

우선　　　　선생

(3) 아주 옛 [   ]들이 남기신 문화유산을 소중히 지켜야 한다.

선배　　　　선조

2 다음 문장의 빈칸에 들어갈 알맞은 낱말을 찾아 선으로 이어 보세요.

(1) 5학년 (　　　　)들과 함께 체험 학습을 갔다.　·

·　선조

(2) 글을 쓰기 위해 (　　　　) 주제부터 정하기로 했다.　·

·　우선

(3) (　　　　)들은 위기에서 우리나라를 지키기 위해 애쓰셨다.　·

·　선배

 오늘 배운 한자를 다시 써 보세요.

곧을 직

오늘 배운 한자를 다시 익혀 보세요.

1 다음 한자의 읽는 소리를 써 보세요.

(1) 垂 (   )   (2) 線 (   )

2 다음 소리에 해당하는 한자를 **보기**에서 찾아 써 보세요.

> **보기**
>
> 接   直   進

(1) 직 → _______   (2) 접 → _______   (3) 진 → _______

 오늘 배운 낱말을 확인해 보세요.

1 다음 문장에 어울리는 낱말을 골라 ○표 하세요.

(1) 연필로 그은 선은 곧은 (직접 / 직선)이다.

(2) 하늘로 솟았던 공이 (수직 / 직접)으로 떨어졌다.

(3) 네 각이 모두 (직각 / 직진)인 사각형은 직각사각형이다.

2 '직(直)'이 들어간 **보기** 의 낱말 중 빈칸에 알맞은 낱말을 골라 써 보세요.

보기

직진   직선

(1) 두 [   ] 이 만나 60도의 각이 만들어졌다.

(2) 공원 정문에서 [   ] 하면 멋진 분수대가 나타난다.

오늘 배운 한자를 다시 써 보세요.

오늘 배운 한자를 다시 익혀 보세요.

1 다음 한자의 읽는 소리를 써 보세요.

(1) 村 (   )   (2) 川 (   )

2 다음 밑줄 친 말에 해당하는 한자를 보기 에서 찾아 써 보세요.

(1) 한라산을 <u>등산</u>하려고 제주도에 갔다.   → __________

(2) 이 산에 있는 <u>산성</u>을 따라 가면 시내가 나타난다.   → __________

오늘 배운 낱말을 확인해 보세요.

1 다음 문장에 어울리는 낱말을 골라 ○표 하세요.

(1) (등산 / 산촌)에 밤이 찾아오면 동물들도 잠에 든다.

(2) 어머니는 (등산 / 산성)을 하시다가 발목을 다치셨다.

(3) 병사들은 힘을 모아 튼튼한 돌로 (산천 / 산성)을 만들었다.

2 '산(山)'이 들어간 **보기** 의 낱말 중 빈칸에 알맞은 낱말을 골라 써 보세요.

보기

| 산성 | 산천 | 산촌 |

(1) 할머니는 항상 고향의 맑고 푸른 [   ]을 그리워하셨다.

(2) 장군은 평야가 아닌 산에 있는 높은 [   ]으로 재빨리 이동했다.

(3) [   ]에 사는 사람들은 산에 많은 눈이 내려 밖으로 나올 수 없었다.

공부한 날   월   일

 오늘 배운 한자를 다시 써 보세요.

바다 해

오늘 배운 한자를 다시 익혀 보세요.

1 다음 한자의 읽는 소리를 써 보세요.

(1) 女 (   )   (2) 風 (   )

2 다음 소리에 해당하는 한자를 보기 에서 찾아 써 보세요.

보기

海   岸   洋

(1) 해 → ______   (2) 양 → ______   (3) 안 → ______

오늘 배운 낱말을 확인해 보세요.

1 다음 문장의 빈칸에 들어갈 알맞은 낱말을 찾아 선으로 이어 보세요.

(1) (   )이/가 세차게 몰아쳤다.

• 해안

(2) (   )이/가 바닷속에서 직접 잡은 전복을 먹었다.

• 해녀

(3) 맨발로 (   )을/를 따라 걸었더니 모래가 발바닥에 많이 묻었다.

• 해풍

2 다음 문장의 빈칸에 들어갈 알맞은 낱말을 찾아 색칠해 보세요.

(1) [   ]에 돛단배가 잠시 머무르고 있다.

해녀   해안

(2) 심각한 [   ] 오염으로 인해 많은 물고기들이 죽었다.

해양   해풍

맞힌 개수   / 10

오늘 배운 한자   海 岸 洋 女 風

공부한 날   월   일

 오늘 배운 한자를 다시 써 보세요.

江
강 강

 오늘 배운 한자를 다시 익혀 보세요.

1 다음 한자의 읽는 소리를 써 보세요.

(1) 山 (   )   (2) 湖 (   )

2 다음 밑줄 친 말에 해당하는 한자를 **보기**에서 찾아 써 보세요.

(1) 강변을 따라 걷다 보니 유람선을 볼 수 있었다.   → __________

(2) 강촌에 있는 삼촌 댁에서 잔잔히 흐르는 강을 보았다.   → __________

 오늘 배운 낱말을 확인해 보세요.

1 다음 문장의 빈칸에 들어갈 알맞은 낱말을 찾아 색칠해 보세요.

(1) 햇빛에 비친 〔　　　　〕의 물이 보석처럼 반짝였다.

> 강호   　　 강촌

(2) 우리나라의 아름다운 경치를 '금수〔　　　　〕'(이)라고 한다.

> 강산   　　 강호

(3) 〔　　　　〕에서 팔딱이는 물고기를 살리기 위해 강물에 던졌다.

> 강변   　　 강촌

2 다음 문장에 어울리는 낱말을 골라 ○표 하세요.

(1) (강촌 / 강호)의 물속에는 작은 미생물들이 살고 있다.

(2) 휴가를 맞아 소양강가의 (강산 / 강촌) 마을로 캠핑을 갔다.

(3) 강의 가장자리인 (강변 / 강호)에 모래를 쌓아 물이 들어오지 못하게 했다.

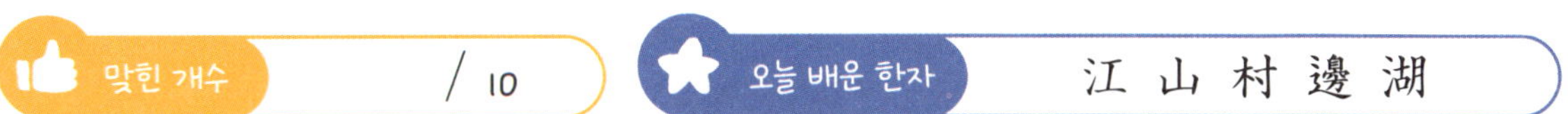

공부한 날　월　일

오늘 배운 한자를 다시 써 보세요.

오늘 배운 한자를 다시 익혀 보세요.

1 다음 한자의 읽는 소리를 써 보세요.

(1) 米 (　　　)　　　(2) 紙 (　　　)

2 다음 소리에 해당하는 한자를 **보기**에서 찾아 써 보세요.

(1) 기 → ______　(2) 백 → ______　(3) 군 → ______

 오늘 배운 낱말을 확인해 보세요.

1 다음 문장의 빈칸에 들어갈 알맞은 낱말을 찾아 선으로 이어 보세요.

(1) 운동회에서 청군이 (　　　　) 을/를 이겼다.　　•

•　백미

(2) 저녁에는 (　　　　)(으)로 지은 따뜻한 밥과 김치를 먹었다.　　•

•　백군

(3) 어머니께서 (　　　　)을/를 주시며 하고 싶은 말을 쓰라고 하셨다.　　•

•　백지

2 '백(白)'이 들어간 보기 의 낱말 중 빈칸에 알맞은 낱말을 골라 써 보세요.

보기

백기　　　　백미

(1) 방앗간에 [　　　] 를 가져가 가래떡을 만들었다.

(2) 운동회에서 백군은 [　　　] 를 흔들며 응원을 했다.

맞힌 개수　　　/ 10　　　오늘 배운 한자　　白 紙 旗 米 軍

오늘 배운 한자를 다시 써 보세요.

오늘 배운 한자를 다시 익혀 보세요.

1 다음 한자의 읽는 소리를 써 보세요.

(1) 瓷 (   )   (2) 色 (   )

2 다음 밑줄 친 말에 해당하는 한자를 보기에서 찾아 써 보세요.

보기

青   少   年   山

(1) 여름이 되니 청산이 더욱 푸르러졌다.   → __________

(2) 청소년을 위한 음악회에 언니와 함께 갔다.   → __________

오늘 배운 낱말을 확인해 보세요.

1 다음 문장의 빈칸에 들어갈 알맞은 낱말을 찾아 색칠해 보세요.

(1) 고려 시대 [ ]에 새겨진 무늬는 매우 독창적이다.

    청산   청자

(2) 영화관에서는 [ ]과 성인을 구분하여 입장료를 받는다.

    청소년   청산

(3) [ ]치마를 입고 소풍을 가는 동생이 무척이나 귀여웠다.

    청색   청자

2 다음 문장의 빈칸에 들어갈 알맞은 낱말을 찾아 선으로 이어 보세요.

(1) (   ) 빛의 바다를 보면 내 마음도 깨끗해지는 듯하다. •   • 청산

(2) 언니는 (   )의 고민을 들어 주는 상담 센터에서 일한다. •   • 청색

(3) 맑은 강은 (   ) 주변을 한참 돌다가 바다로 흘러 들어갔다. •   • 청소년

오늘 배운 한자를 다시 써 보세요.

오늘 배운 한자를 다시 익혀 보세요.

1 다음 한자의 읽는 소리를 써 보세요.

(1) 話 (   )   (2) 氣 (   )

2 다음 소리에 해당하는 한자를 보기 에서 찾아 써 보세요.

보기

電   球   充

(1) 구 → ______   (2) 충 → ______   (3) 전 → ______

오늘 배운 낱말을 확인해 보세요.

1 다음 문장에 어울리는 낱말을 골라 ○표 하세요.

(1) (전기 / 전화) 콘센트 버튼을 누르니 컴퓨터가 꺼졌다.

(2) 준비물을 물어보려고 나희에게 (전화 / 전기)를 걸었다.

(3) 어제 휴대 전화를 (충전 / 전구)하지 못해 전원이 켜지지 않는다.

2 '전(電)'이 들어간 보기 의 낱말 중 빈칸에 알맞은 낱말을 골라 써 보세요.

보기

전구   전기

(1) [   ] 자동차는 석유를 사용하지 않는다.

(2) 동그란 [   ]에 불이 들어오니 벌레가 모여들었다.

맞힌 개수   / 10   오늘 배운 한자   電 氣 充 話 球

공부한 날　　월　　일

오늘 배운 한자를 다시 써 보세요.

오늘 배운 한자를 다시 익혀 보세요.

1 다음 한자의 읽는 소리를 써 보세요.

(1) 屋 (　　　　)　　　　(2) 紙 (　　　　)

2 다음 밑줄 친 말에 해당하는 한자를 보기 에서 찾아 써 보세요.

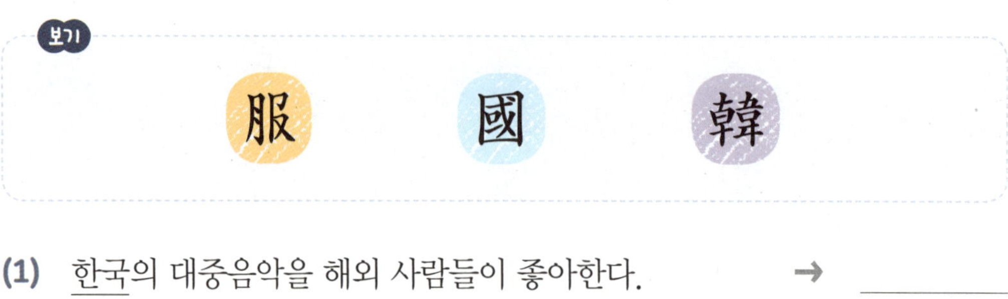

(1) <u>한</u>국의 대중음악을 해외 사람들이 좋아한다.　　→ _______

(2) 여자가 입는 <u>한</u>복은 저고리와 치마 등이 있다.　　→ _______

오늘 배운 낱말을 확인해 보세요.

1 다음 문장에 어울리는 낱말을 골라 ○표 하세요.

(1) 설날에 (한복 / 한국)을 곱게 차려입고 세배를 했다.

(2) 전통 (한옥 / 한지)은/는 따뜻한 온돌로 추위를 견디었다.

(3) 할아버지께서 (한지 / 한복)(으)로 방패연을 만들어 주셨다.

2 '한(韓)'이 들어간 보기 의 낱말 중 빈칸에 알맞은 낱말을 골라 써 보세요.

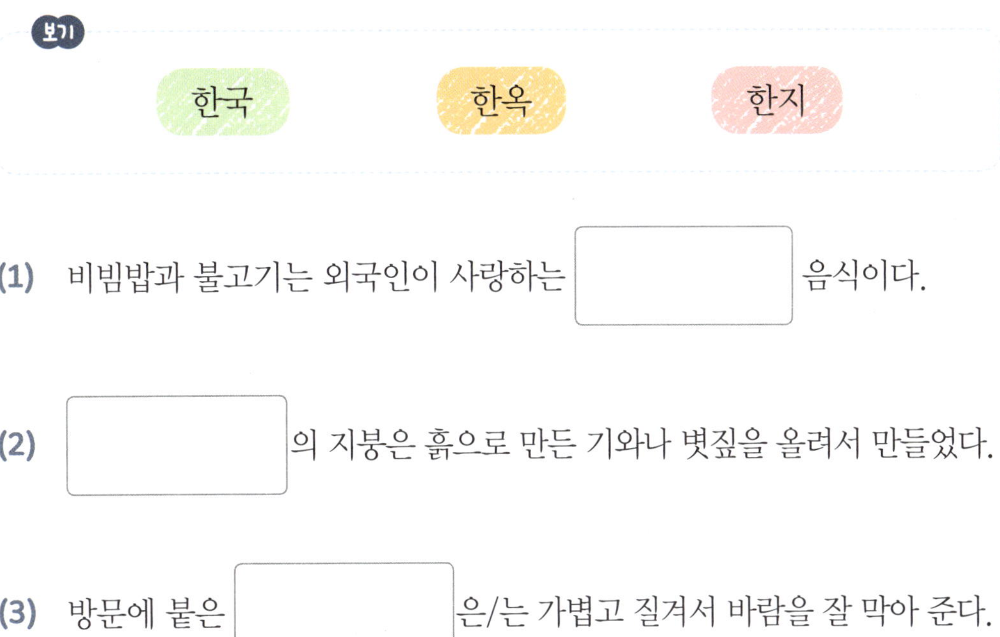

(1) 비빔밥과 불고기는 외국인이 사랑하는 〔　　　〕 음식이다.

(2) 〔　　　〕의 지붕은 흙으로 만든 기와나 볏짚을 올려서 만들었다.

(3) 방문에 붙은 〔　　　〕은/는 가볍고 질겨서 바람을 잘 막아 준다.

공부한 날　　월　　일

 오늘 배운 한자를 다시 써 보세요.

오늘 배운 한자를 다시 익혀 보세요.

1 다음 한자의 읽는 소리를 써 보세요.

(1) 旗 (　　　) 　　　 (2) 史 (　　　)

2 다음 소리에 해당하는 한자를 **보기** 에서 찾아 써 보세요.

보기

國　　　土　　　寶

(1) 국 → _______ 　　(2) 보 → _______ 　　(3) 토 → _______

 **오늘 배운 낱말을 확인해 보세요.**

1 다음 문장의 빈칸에 들어갈 알맞은 낱말을 찾아 선으로 이어 보세요.

(1) (　　　　)를 배우며 우리나라 역사를 더욱 사랑하게 되었다. •

• 국토

(2) 김정호는 지도를 만들기 위해 우리나라 (　　　　)를 누비고 다녔다. •

• 국사

2 다음 문장의 빈칸에 들어갈 알맞은 낱말을 찾아 색칠해 보세요.

(1) 우리나라의 ☐☐☐☐ 1호는 숭례문이다.

국보　　　　국토

(2) 무궁화는 우리 ☐☐☐☐ 를 대표하는 꽃이다.

국가　　　　국보

(3) ☐☐☐☐ 교과서에서 동학 농민 운동에 대해 읽었다.

국사　　　　국가

 맞힌 개수　　／ 10

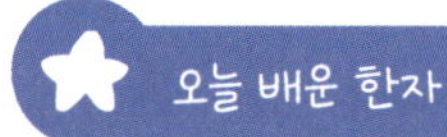 오늘 배운 한자　　國 史 土 旗 寶

 오늘 배운 한자를 다시 써 보세요.

 오늘 배운 한자를 다시 익혀 보세요.

1 다음 한자의 읽는 소리를 써 보세요.

(1) 國 (   )   (2) 心 (   )

2 다음 밑줄 친 말에 해당하는 한자를 보기 에서 찾아 써 보세요.

보기

民   族   俗

(1) 아버지는 우리나라의 민속을 연구하신다.   → __________

(2) 우리 민족은 오래전부터 한반도에서 살았다.   → __________

오늘 배운 낱말을 확인해 보세요.

1 다음 문장의 빈칸에 들어갈 알맞은 낱말을 찾아 선으로 이어 보세요.

(1) 안중근 의사는 우리 (   ) 을 위해 목숨을 바치셨다.

• 민심

(2) (   )을 잃은 지도자는 선거에서 떨어지기 마련이다.

• 민족

(3) 강강술래는 우리나라의 전통 (   )놀이 중 하나이다.

• 민속

2 다음 문장의 빈칸에 들어갈 알맞은 낱말을 찾아 색칠해 보세요.

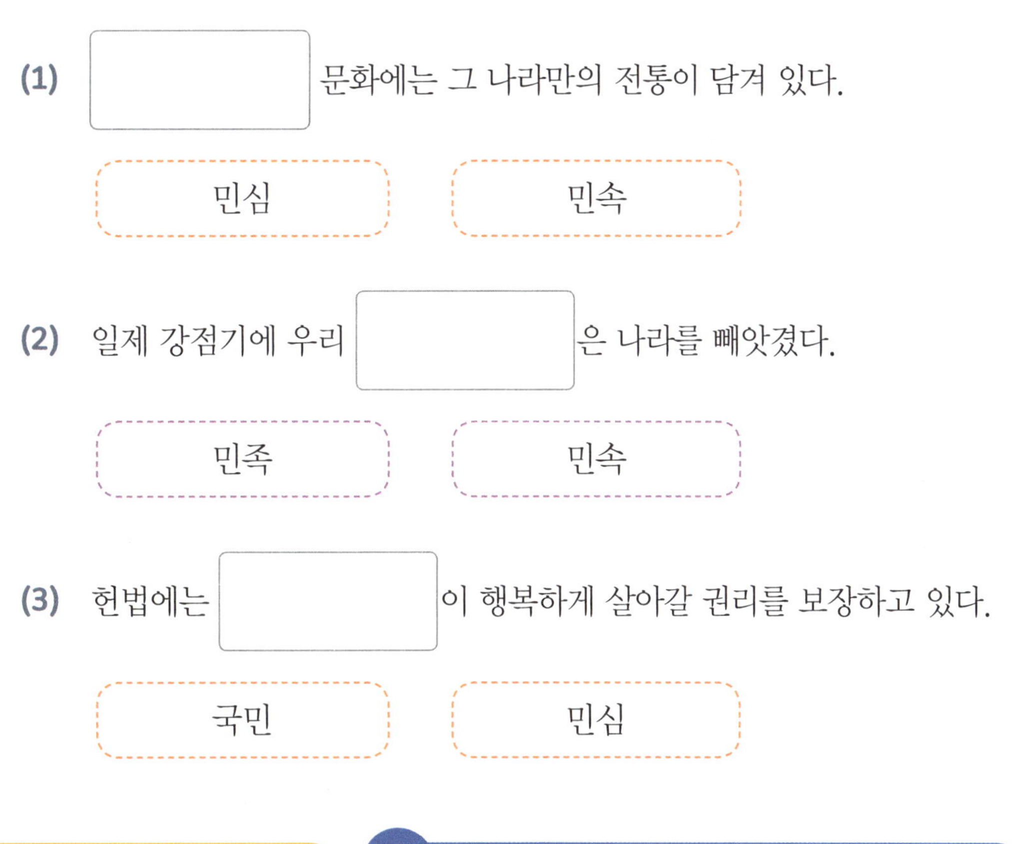

(1) [   ] 문화에는 그 나라만의 전통이 담겨 있다.

민심   민속

(2) 일제 강점기에 우리 [   ] 은 나라를 빼앗겼다.

민족   민속

(3) 헌법에는 [   ] 이 행복하게 살아갈 권리를 보장하고 있다.

국민   민심

맞힌 개수   / 10   오늘 배운 한자   民 國 俗 族 心

 오늘 배운 한자를 다시 써 보세요.

오늘 배운 한자를 다시 익혀 보세요.

1 다음 한자의 읽는 소리를 써 보세요.

(1) 道 (   )   (2) 宮 (   )

2 다음 소리에 해당하는 한자를 보기에서 찾아 써 보세요.

(1) 비 ➡ ______   (2) 왕 ➡ ______   (3) 자 ➡ ______

오늘 배운 낱말을 확인해 보세요.

1 다음 문장의 빈칸에 들어갈 알맞은 낱말을 찾아 선으로 이어 보세요.

(1) 왕은 세자에게 (　　　　　)을/를 직접 가르쳤다.

• 왕궁

(2) 군사들은 왕이 잠든 (　　　　　)을/를 밤새도록 지켰다.

• 왕도

2 '왕(王)'이 들어간 보기 의 낱말 중 빈칸에 알맞은 낱말을 골라 써 보세요.

보기

왕비　　　　왕자　　　　왕궁

(1) 수라간은 [　　　　] 에서 왕의 음식을 만들던 곳이다.

(2) 어린 [　　　　] 은/는 왕이 되기 위해 열심히 공부를 했다.

(3) 따뜻한 봄에 왕과 [　　　　] 사이에 예쁜 공주님이 태어났다.

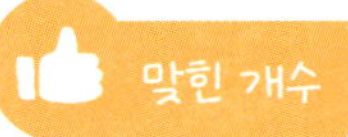

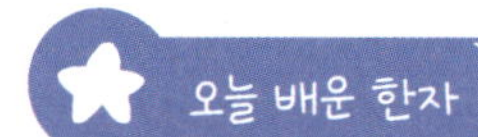

오늘 배운 한자를 다시 써 보세요.

오늘 배운 한자를 다시 익혀 보세요.

1 다음 한자의 읽는 소리를 써 보세요.

(1) 國 (   )   (2) 人 (   )

2 다음 밑줄 친 말에 해당하는 한자를 에서 찾아 써 보세요.

(1) 공군의 공격으로 많은 건물들이 무너졌다.   → __________

(2) 군악대가 된 형은 멋진 군복을 입고 휴가를 나왔다.   → __________

오늘 배운 낱말을 확인해 보세요.

1 다음 문장의 빈칸에 들어갈 알맞은 낱말을 찾아 색칠해 보세요.

(1) 전투복, 정복 등 ⬚ 은 종류가 다양하다.

공군 　　　 군복

(2) 우리나라의 국군은 크게 육군, ⬚ , 해군으로 나눈다.

공군 　　　 군인

(3) 대한민국을 지키는 ⬚ 에게 감사한 마음을 가져야 한다.

군복 　　　 국군

2 다음 문장의 빈칸에 들어갈 알맞은 낱말을 찾아 선으로 이어 보세요.

(1) 군대는 (　　　)들이 모여 있는 집단을 말한다. ・ ・ 군복

(2) 아버지는 해군 시절 입으셨던 (　　　)을 갖고 계신다. ・ ・ 군인

(3) 전투기를 탄 (　　　)들이 하늘에서 축하 공연을 했다. ・ ・ 공군

 오늘 배운 한자를 다시 써 보세요.

한나라 한

 오늘 배운 한자를 다시 익혀 보세요.

1 다음 한자의 읽는 소리를 써 보세요.

(1) 詩 (   )   (2) 字 (   )

2 다음 소리에 해당하는 한자를 보기 에서 찾아 써 보세요.

보기

江   漢   文

(1) 한 → ______   (2) 강 → ______   (3) 문 → ______

오늘 배운 낱말을 확인해 보세요.

1 다음 문장에 어울리는 낱말을 골라 ○표 하세요.

(1) (한강 / 한문)에서 유람선을 탔다.

(2) (한시 / 한자)는 글자로서 뜻도 중요하지만 쓰는 순서도 중요하다.

2 '한(漢)'이 들어간 보기 의 낱말 중 빈칸에 알맞은 낱말을 골라 써 보세요.

보기

| 한자 | 한시 | 한강 |

(1) 할아버지는 [   ] 을/를 지어 읊으셨다고 한다.

(2) 사물의 모양을 본떠 만든 [   ] 은/는 상형 문자이다.

(3) [   ] 주변에 물놀이를 즐길 수 있는 야외 수영장이 생겼다.

맞힌 개수 / 10   오늘 배운 한자 漢 字 詩 江 文

오늘 배운 한자를 다시 써 보세요.

門

문 문

오늘 배운 한자를 다시 익혀 보세요.

1 다음 한자의 읽는 소리를 써 보세요.

(1) 大 (　　　)　　　(2) 家 (　　　)

2 다음 밑줄 친 말에 해당하는 한자를 보기에서 찾아 써 보세요.

보기

門　　　窓　　　校

(1) 교문 앞에서 친구들과 인사를 하고 헤어졌다.　→ ＿＿＿＿

(2) 창문을 여니 시원한 바람이 방 안으로 들어왔다.　→ ＿＿＿＿

 오늘 배운 낱말을 확인해 보세요.

1 다음 문장에 어울리는 낱말을 골라 ○표 하세요.

(1) 우리 (가문 / 창문)에는 이름난 작가가 많다.

(2) 영민이네 집 (교문 / 대문)으로 강아지가 들어왔다.

(3) 진주네 방의 (교문 / 창문) 밖에서 아버지가 오시는 소리가 들렸다.

2 '문(門)'이 들어간 보기 의 낱말 중 빈칸에 알맞은 낱말을 골라 써 보세요.

> 보기
>
> 가문   교문   대문

(1) 할아버지께서 받으신 훈장은 우리 ＿＿＿＿＿ 의 보물이 되었다.

(2) 학생들의 안전을 위해 학교의 ＿＿＿＿＿ 은 수업 중에 닫아 두어 야 한다.

(3) 할머니는 집의 ＿＿＿＿＿ 밖까지 나오셔서 떠나는 우리 가족을 배웅해 주셨다.

맞힌 개수　／ 10　　오늘 배운 한자　門 大 校 窓 家

공부한 날　　월　　일

 오늘 배운 한자를 다시 써 보세요.

힘 력(역)

오늘 배운 한자를 다시 익혀 보세요.

1 다음 한자의 읽는 소리를 써 보세요.

(1) 努 (　　　　) 　　　　(2) 體 (　　　　)

2 다음 소리에 해당하는 한자를 보기에서 찾아 써 보세요.

보기

實　　　重　　　力

(1) 중 → ______ 　　(2) 실 → ______ 　　(3) 력/역 → ______

오늘 배운 낱말을 확인해 보세요.

1 다음 문장의 빈칸에 들어갈 알맞은 낱말을 찾아 선으로 이어 보세요.

(1) 꾸준한 운동은 (　　　　)을 기르는 데 도움이 된다.

· 노력

(2) 피아노를 능숙히 치는 (　　　　)을 길러서 멋진 연주를 하고 싶다.

· 실력

(3) 나는 우리말을 사랑해서 바르고 고운 말을 쓰려고 항상 (　　　　)을 했다.

· 체력

2 다음 문장의 빈칸에 들어갈 알맞은 낱말을 찾아 색칠해 보세요.

(1) 서윤이의 수학 문제 풀이 ☐☐☐☐ 은 따라갈 수 없다.

체력　　　　실력

(2) 우주에서는 ☐☐☐☐ 이 약해져 몸이 공중에 떠다닌다.

노력　　　　중력

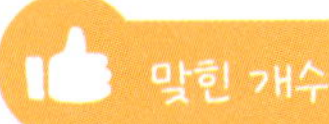

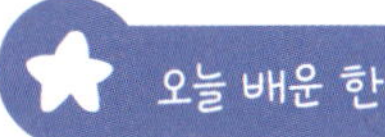

공부한 날 　월　일

오늘 배운 한자를 다시 써 보세요.

空 빌 공

오늘 배운 한자를 다시 익혀 보세요.

1 다음 한자의 읽는 소리를 써 보세요.

(1) 港 (　　　)　　　(2) 間 (　　　)

2 다음 밑줄 친 말에 해당하는 한자를 **보기**에서 찾아 써 보세요.

보기

空　　氣　　中

(1) 높은 산에 오르니 공기가 맑아졌다.　　→ ______

(2) 동산에서 연을 공중으로 높이 띄웠다.　　→ ______

 오늘 배운 낱말을 확인해 보세요.

1 다음 문장의 빈칸에 들어갈 알맞은 낱말을 찾아 선으로 이어 보세요.

(1) 새는 (   )을 마음껏 날아 다닐 수 있다. · · 공항

(2) 형이 유학 가는 날에 가족이 (   )까지 가 배웅을 했다. · · 공중

(3) 옷장과 천장 사이의 (   ) 에 이불을 넣어 보관하기로 했다. · · 공간

2 다음 문장의 빈칸에 들어갈 알맞은 낱말을 찾아 색칠해 보세요.

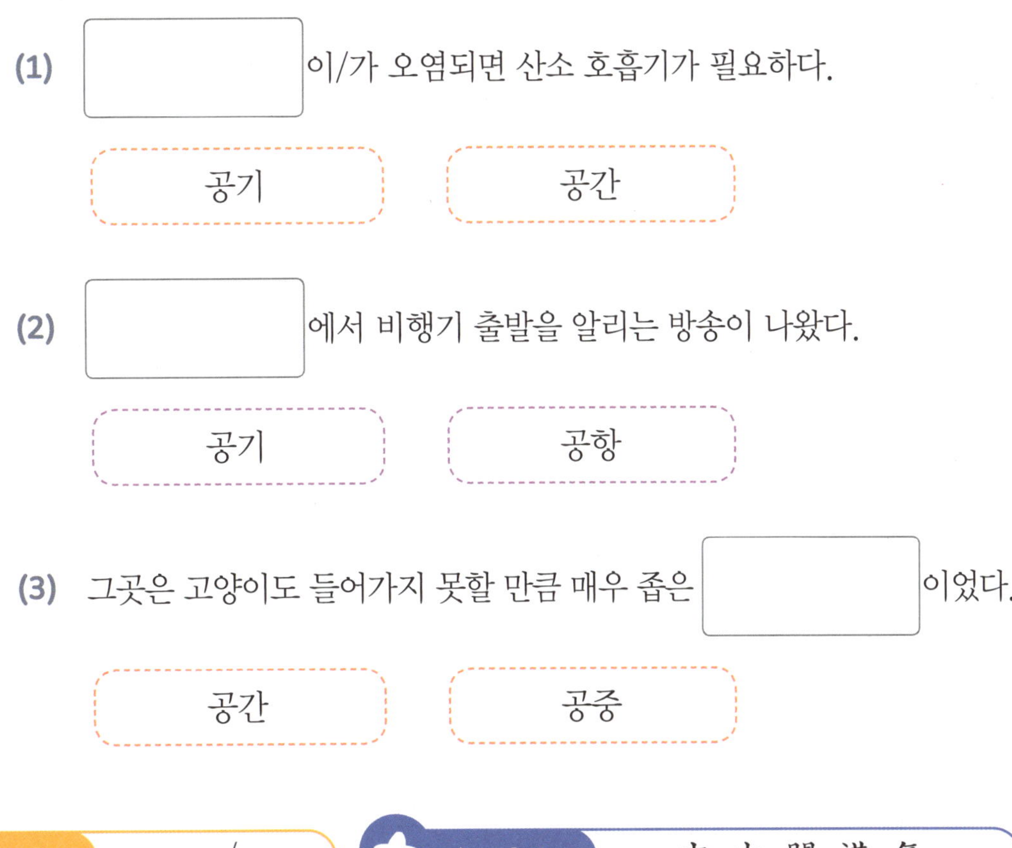

(1) [   ] 이/가 오염되면 산소 호흡기가 필요하다.

공기   공간

(2) [   ] 에서 비행기 출발을 알리는 방송이 나왔다.

공기   공항

(3) 그곳은 고양이도 들어가지 못할 만큼 매우 좁은 [   ] 이었다.

공간   공중

맞힌 개수   / 10   오늘 배운 한자   空 中 間 港 氣

공부한 날　　월　　일

 오늘 배운 한자를 다시 써 보세요.

오늘 배운 한자를 다시 익혀 보세요.

1 다음 한자의 읽는 소리를 써 보세요.

(1) 年　(　　　　)　　　　(2) 週　(　　　　)

2 다음 소리에 해당하는 한자를 **보기** 에서 찾아 써 보세요.

(1) 번 → ＿＿＿＿　　(2) 매 → ＿＿＿＿　　(3) 일 → ＿＿＿＿

오늘 배운 낱말을 확인해 보세요.

1 다음 문장의 빈칸에 들어갈 알맞은 낱말을 찾아 선으로 이어 보세요.

(1) (   ) 설날이 되면 새해 다짐을 한다. •

      • 매주

(2) 나는 (   )마다 잠들기 전에 하루 동안 있었던 일을 적는다. •

      • 매년

(3) 한달에 네 번 (   ) 수요일은 급식으로 나온 음식을 남기지 않는 날이다. •

      • 매일

2 '매(每)'가 들어간 보기 의 낱말 중 빈칸에 알맞은 낱말을 골라 써 보세요.

보기

매번   매년

(1) 희서는 [   ] 늦게 약속 장소에 도착했다.

(2) [   ] 돌아오는 생일이지만 생일은 언제나 기다려진다.

맞힌 개수   / 10   오늘 배운 한자   每 週 日 年 番

공부한 날　　월　　일

 오늘 배운 한자를 다시 써 보세요.

 오늘 배운 한자를 다시 익혀 보세요.

1 다음 한자의 읽는 소리를 써 보세요.

(1) 村 (　　　　)　　　　(2) 事 (　　　　)

2 다음 밑줄 친 말에 해당하는 한자를 에서 찾아 써 보세요.

(1) 올해는 <u>농장</u>에 귤이 많이 열렸다.　　　　→ ________

(2) <u>농부</u>는 벼를 거두어 창고에 보관했다.　　　　→ ________

오늘 배운 낱말을 확인해 보세요.

1 다음 문장의 빈칸에 들어갈 알맞은 낱말을 찾아 색칠해 보세요.

(1) 그는 [　　　]을/를 짓기 위해 땅을 샀다.

　　농부　　　　　농장

(2) 간식을 먹고 난 [　　　]들은 다시 논으로 들어갔다.

　　농부　　　　　농촌

(3) 아버지께서는 밭이 많고 넓은 [　　　] 지역에서 태어나셨다.

　　농사　　　　　농촌

2 다음 문장의 빈칸에 들어갈 알맞은 낱말을 찾아 선으로 이어 보세요.

(1) 가뭄으로 배추 (　　　)을/를 망치고 말았다.　　　　　　농촌

(2) (　　　)들이 땀을 흘리며 모내기를 하고 있다.　　　　　　농부

(3) (　　　) 마을에는 나이 든 노인들밖에 일할 사람이 없다.　　　　　　농사

공부한 날 　월　일

오늘 배운 한자를 다시 써 보세요.

車

수레 차(거)

오늘 배운 한자를 다시 익혀 보세요.

1 다음 한자의 읽는 소리를 써 보세요.

(1) 汽 (　　　)　　　(2) 停 (　　　)

2 다음 소리에 해당하는 한자를 보기 에서 찾아 써 보세요.

(1) 전 → ______　(2) 자 → ______　(3) 차/거 → ______

 오늘 배운 낱말을 확인해 보세요.

1 다음 문장에 어울리는 낱말을 골라 ○표 하세요.

(1) (기차 / 정거)를 타고 내 좌석을 찾아 다녔다.

(2) (자전거 / 하차)할 때는 차가 완전히 멈춘 후에 내려야 한다.

(3) 버스 (하차 / 정거) 시간이 되어 가자, 버스를 놓치지 않기 위해 달렸다.

2 '차/거(車)'가 들어간 보기 의 낱말 중 빈칸에 알맞은 낱말을 골라 써 보세요.

> 보기
>
> 기차   자전거

(1) [ ] 가 철도 위를 빠른 속도로 달린다.

(2) 공원에서 형에게 [ ] 타는 방법을 배웠다.

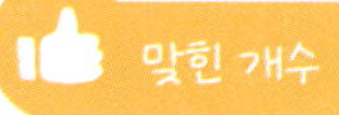 맞힌 개수   / 10    오늘 배운 한자   車 下 汽 自 轉 停

 오늘 배운 한자를 다시 써 보세요.

六

여섯 륙(육)

 오늘 배운 한자를 다시 익혀 보세요.

1 다음 한자의 읽는 소리를 써 보세요.

(1) 班 (   )   (2) 學 (   )

2 다음 밑줄 친 말에 해당하는 한자를 에서 찾아 써 보세요.

보기

面   六   體   層

(1) 우리 집은 아파트 <u>육층</u>에 있다.   → __________

(2) 수학 시간에 <u>육면체</u>를 그려 보았다.   → __________

오늘 배운 낱말을 확인해 보세요.

1 다음 문장에 어울리는 낱말을 골라 ○표 하세요.

(1) 승강기 고장으로 (육면체 / 육층)까지 걸어서 올라가야 한다.

(2) 올해 (육반 / 육학년)이 된 언니는 내년이면 중학생이 된다고 좋아했다.

(3) 누나가 준 (육면체 / 육학년) 모양의 선물 상자에는 사탕이 들어 있었다.

2 '륙/육(六)'이 들어간 보기 의 낱말 중 빈칸에 알맞은 낱말을 골라 써 보세요.

보기

육반　　　　육면체　　　　육층

(1) 나는 2학년 여섯 개 반 중 가장 마지막 반인 ＿＿＿＿이/가 되었다.

(2) 건물의 가장 높은 층인 ＿＿＿＿에 있는 도서관 열람실에 책을 두고 온 것이 생각났다.

(3) 수학 교과서를 통해 여섯 개의 평면으로 둘러싸인 입체 모양의 도형을 ＿＿＿＿(이)라고 한다는 것을 알게 되었다.

맞힌 개수　　/ 10　　　오늘 배운 한자　六 學 年 面 體 班 層

공부한 날　월　일

 오늘 배운 한자를 다시 써 보세요.

일곱 칠

 오늘 배운 한자를 다시 익혀 보세요.

1 다음 한자의 읽는 소리를 써 보세요.

(1) 旬 (　　　) 　　　 (2) 月 (　　　)

2 다음 소리에 해당하는 한자를 **보기** 에서 찾아 써 보세요.

(1) 칠 → ______　(2) 일 → ______　(3) 십 → ______

오늘 배운 낱말을 확인해 보세요.

1 다음 문장의 빈칸에 들어갈 알맞은 낱말을 찾아 선으로 이어 보세요.

(1) 유월이 지나고 (　　　　)이 오자 날씨가 갑자기 더워졌다.

• 칠십

(2) 거리 공연에 (　　　　) 명이 넘는 많은 사람들이 몰려들었다.

• 칠월

(3) 나는 일주일인 (　　　　) 동안 책을 두 권씩 읽기로 계획했다.

• 칠일

2 다음 문장의 빈칸에 들어갈 알맞은 낱말을 찾아 색칠해 보세요.

(1) 할머니의 [　　　　]을 축하드리기 위해 온 가족이 모였다.

칠순　　　　칠일

(2) 시험공부를 제대로 하지 않아 이번 시험에서 [　　　　] 등을 했다.

칠월　　　　칠십

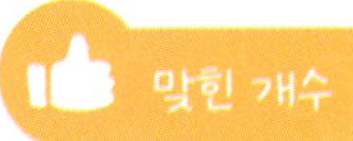

 오늘 배운 한자를 다시 써 보세요.

 오늘 배운 한자를 다시 익혀 보세요.

1 다음 한자의 읽는 소리를 써 보세요.

(1) 形 (　　　　)　　　　(2) 角 (　　　　)

2 다음 밑줄 친 말에 해당하는 한자를 보기 에서 찾아 써 보세요.

(1) 우리나라 전국 팔도에는 특산품이 있다.　→ __________

(2) 유명 가수를 보기 위해 팔방에서 사람들이 몰려들었다. → __________

오늘 배운 낱말을 확인해 보세요.

1 다음 문장의 빈칸에 들어갈 알맞은 낱말을 찾아 선으로 이어 보세요.

(1) 봄이 되니 (   )에서 새싹이 돋고 꽃이 피어난다.

• 팔년

(2) (   ) 모양의 기둥이 건물을 튼튼하게 받치고 있다.

• 팔방

(3) (   ) 전에 산 자전거가 이제는 내게 너무 작아졌다.

• 팔각형

2 다음 문장의 빈칸에 들어갈 알맞은 낱말을 찾아 색칠해 보세요.

(1) [   ] 모양의 접시에 빨간 사과가 놓여 있다.

팔년   팔각형

(2) 우리나라 전국 [   ]에는 이름난 관광지가 많다.

팔년   팔도

(3) 운동회 날에는 [   ]에서 우렁찬 응원 소리가 울려 퍼진다.

팔방   팔각형

맞힌 개수   / 10   오늘 배운 한자   八 年 角 形 道 方

공부한 날 월 일

 오늘 배운 한자를 다시 써 보세요.

오늘 배운 한자를 다시 익혀 보세요.

1 다음 한자의 읽는 소리를 써 보세요.

(1) 回 (   )   (2) 時 (   )

2 다음 소리에 해당하는 한자를 **보기**에서 찾아 써 보세요.

(1) 단 → ______   (2) 리 → ______   (3) 만 → ______

오늘 배운 낱말을 확인해 보세요.

1 다음 문장의 빈칸에 들어갈 알맞은 낱말을 찾아 선으로 이어 보세요.

(1) 오전 (　　　)가 되면 수업을 시작하는 종이 울린다.　　•

• 구시

(2) 나는 (　　　)을/를 외우려고 공책에 여러 번 쓰고 지웠다.　　•

• 구만리

(3) (　　　) 하늘을 날고 있는 새가 무척 자유로워 보였다.　　•

• 구구단

2 '구(九)'가 들어간 보기 의 낱말 중 빈칸에 알맞은 낱말을 골라 써 보세요.

보기

구회　　　　구만리

(1) 내가 친 야구공이 [　　　　] 밖으로 날아갔다.

(2) 이 마라톤 대회는 작년에 팔회였고, 올해는 [　　　　]를 맞았다.

맞힌 개수　　 / 10　　★ 오늘 배운 한자　　九 回 時 段 萬 里

오늘 배운 한자를 다시 써 보세요.

 오늘 배운 한자를 다시 익혀 보세요.

1 다음 한자의 읽는 소리를 써 보세요.

(1) 分 (   )   (2) 數 (   )

2 다음 밑줄 친 말에 해당하는 한자를 보기 에서 찾아 써 보세요.

(1)   교차로는 <u>십자</u> 모양을 하고 있었다.   → __________

(2)   할머니께서는 제비가 낮게 날면 <u>십중팔구</u> 비가 온다고 하셨다.

→ __________

오늘 배운 낱말을 확인해 보세요.

1 다음 문장의 빈칸에 들어갈 알맞은 낱말을 찾아 색칠해 보세요.

(1) 떡은 [   ] 이상 익혀야 말랑해진다.

십분   십중팔구

(2) 보물찾기를 위해 보물을 숨긴 곳에 [   ] 표시를 해 두었다.

십자   십분

(3) 새해가 되면 [   ] 명의 사람들이 일출을 보려고 동해에 간다.

수십   십자

2 다음 문장의 빈칸에 들어갈 알맞은 낱말을 찾아 선으로 이어 보세요.

(1) 명태는 (   ) 개의 알을 한번에 낳는다.   • 수십

(2) 우리 반 학생들은 대부분 (   ) 가 그 가수를 좋아한다.   • 십분

(3) 약속 시간을 (   ) 정도 늦을 것 같다고 이야기를 했다.   • 십중팔구

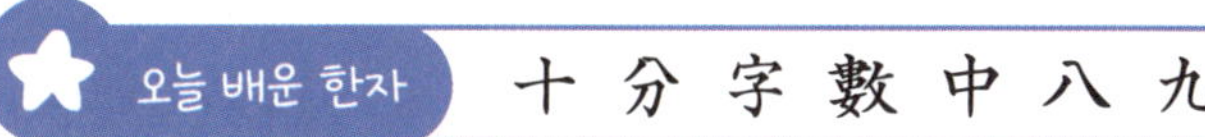

오늘 배운 한자를 다시 써 보세요.

일만 만

오늘 배운 한자를 다시 익혀 보세요.

1　다음 한자의 읽는 소리를 써 보세요.

(1) 歲 (　　　　)　　　(2) 五 (　　　　)

2　다음 소리에 해당하는 한자를 **보기**에서 찾아 써 보세요.

보기

國　　　萬　　　物

(1) 국 → ＿＿＿＿　　(2) 만 → ＿＿＿＿　　(3) 물 → ＿＿＿＿

오늘 배운 낱말을 확인해 보세요.

1 다음 문장에 어울리는 낱말을 골라 ○표 하세요.

(1) 봄비가 내리자 세상의 (만물 / 만국)이 깨어나는 듯했다.

(2) 유관순 열사는 아우내 장터에서 (오만 / 만세) 운동을 했다.

(3) 올림픽이 시작되자 (만국 / 만세)의 사람들이 열광하고 즐거워했다.

2 '만(萬)'이 들어간 보기 의 낱말 중 빈칸에 알맞은 낱말을 골라 써 보세요.

(1) 잡화점에는 [   ] 가지의 물건들이 있었다.

(2) [   ] 의 각 대표가 모인 회의장 입구는 매우 분주했다.

맞힌 개수　　/ 10　　오늘 배운 한자　　萬 五 國 歲 物

한자능력 검정시험 모의 문제

정답과 해설 • 32쪽

문제 1-5

다음 글의 (   ) 안에 있는 漢字한자의 讀音(독음: 읽는 소리)을 쓰세요.

> (美) → 미

(1) 수학 (教)사는 (   )

(2) 교(室)의 칠판에 (   )

(3) (八)각형을 (   )

(4) (直)접 그려 (   )

(5) (學)생들을 가르쳤다. (   )

문제 6-13

다음 訓(훈: 뜻)이나 音(음: 소리)에 알맞은 漢字한자를 보기에서 찾아 그 번호를 쓰세요.

> ─ 보기 ─
> ① 江　② 電　③ 漢　④ 每
> ⑤ 萬　⑥ 九　⑦ 農　⑧ 校

(6) 강 (   )

(7) 아홉 (   )

(8) 일만 (   )

(9) 학교 (   )

(10) 농사 (   )

(11) 매양 (   )

(12) 번개 (   )

(13) 한나라 (   )

문제 14-20

다음 밑줄 친 말에 해당하는 漢字한자를 보기에서 찾아 그 번호를 쓰세요.

> ─ 보기 ─
> ① 十　② 靑　③ 力　④ 海
> ⑤ 國　⑥ 白　⑦ 七

(14) 형은 힘이 세다. (   )

(15) 하얀 구름이 눈부셨다. (   )

(16) 바다에서 수영을 했다. (   )

(17) 우리나라의 꽃은 무궁화이다. (   )

(18) 나는 푸른색을 가장 좋아한다. (   )

(19) 열 시 전에는 잠자리에 들어야 한다. (   )

(20) 북두칠성은 일곱 개의 별로 이루어졌다.
(   )

다음 漢字한자의 訓(훈: 뜻)과 音(음: 소리)을 쓰세요.

> **美 → 아름다울 미**

(21) 山　　　　　　　　　（　　　　　）

(22) 空　　　　　　　　　（　　　　　）

(23) 民　　　　　　　　　（　　　　　）

(24) 先　　　　　　　　　（　　　　　）

다음 漢字한자의 音(음: 소리)을 ◦보기◦에서 찾아 그 번호를 쓰세요.

> ─◦ 보기 ◦─
> ① 군　　② 문　　③ 육　　④ 한

(25) 軍　　　　　　　　　（　　　　）

(26) 六　　　　　　　　　（　　　　）

(27) 韓　　　　　　　　　（　　　　）

(28) 門　　　　　　　　　（　　　　）

다음 漢字한자의 진하게 표시한 획은 몇 번째 쓰는지 ◦보기◦에서 찾아 그 번호를 쓰세요.

> ─◦ 보기 ◦─
> ① 첫 번째　　　② 두 번째
> ③ 세 번째　　　④ 네 번째
> ⑤ 다섯 번째　　⑥ 여섯 번째
> ⑦ 일곱 번째　　⑧ 여덟 번째

(29)　　　　　　　　　　（　　　　）

(30)　　　　　　　　　　（　　　　）

◦ 수고하였습니다.

YES24 초등 한국사능력검정시험

베스트셀러 1위

*YES24 온라인서점 수험서 자격증〉 한국사능력검정시험〉 기본(4,5,6급) 분야 2023년 6월 4주
주별 베스트 「2022 · 2023 큰별쌤과 재미있게 공부하는 초등 한국사능력검정시험」 1위 기준

초등학생 눈높이에 딱 맞춰 쉽고 재미있게 공부하는

초등 한국사능력검정시험

기본(4 · 5 · 6급) 시험 대비

친절한 개념 설명으로
재미있게 공부하고 싶다면?

기출문제 중심으로
많은 문제를 풀고 싶다면?

한국사의 흐름을 잡는 **최태성쌤의 아트 판서**

초등 한국사능력검정시험

이해하기 쉬운 **시대순**, 주제별 구성

초등 시대별 기출문제집

누구나 살아있는 역사를 만날 수 있도록
큰별쌤의 초등 강의 무료 제공

★ 모두의 별별 한국사 홈페이지 www.etoos.com/bigstar ▶ 큰별쌤 최태성의 어린이 유튜브 공식채널 역사의 쓸모 i

• 이투스북 도서는 전국 서점 및 온라인 서점에서 구매하실 수 있습니다.   • 이투스북 온라인 서점 | www.etoosbook.com

이투스북

똑똑 초등 한자 어휘는

한자 어휘 - 문장 - 글의 단계적 학습으로
문해력을 기를 수 있는 교재입니다.

낱말 알아보기
교과서 및 일상 어휘, 한자능력검정시험에서 선별한
주제별 한자와 관련 어휘를 배울 수 있습니다.

문제 풀기
학습한 어휘의 문맥적 의미를 파악하는 문제를 통해
실제 쓰임을 익히고, 쓰기 활동을 통해 쓰기 능력을 기를 수 있습니다.

글로 익히기
어휘가 사용된 글을 독해하며 어휘의 의미를 되새기고
독해 문제를 풀며 문해력을 키울 수 있습니다.

이투스북

정답과 해설

2단계
새싹

초등 1·2학년

똑독
똑똑한 독해, 똑독!

똑똑
재미있는 '쓰기' 또는
똑똑한
초등
한자 어휘
정답과 해설
2단계 | 새싹
초등 1·2학년

1단계 낱말 알아보기

1 학생   **2** 입학   **3** 전학   **4** 방학

1 학교에 다니면서 공부하는 사람을 '학생'이라고 해요.

2 공부하기 위해 학교에 들어가는 것을 '입학'이라고 해요.

3 다니던 학교에서 다른 학교로 옮겨 가서 배우는 것을 '전학'이라고 해요.

4 학교에서 학기나 학년이 끝난 뒤에 한동안 수업을 쉬는 일을 '방학'이라고 해요.

2단계 문제 풀기

1 (1) 학생   (2) 입학   **2** (1) 전학   (2) 방학
3 예 방학을 맞아 생활 계획표를 만들었다.

1 (1) 교실에서 수업을 받는 사람은 '학생'이에요.

  (2) 유치원을 졸업하고 3월에 초등학교에 들어가는 것은 '입학'이 알맞아요.

2 (1) 친구들과 헤어져 다른 학교로 가는 것은 '전학'이에요.

  (2) 학교에 가지 않는 것은 '방학'이에요.

3단계 글로 익히기

1 (1) 입학   (2) 전학
2 (1) ④   (2) ㉮

1 (1) 공부를 하기 위해 학교에 들어가는 것은 '입학'이에요.

  (2) 다른 학교로 옮겨 가는 것은 '전학'이에요.

2 (1) 3월이 되면 처음으로 학생이 되어 입학한 날이 떠오른다고 했어요.

  (2) 방학이 되면 유빈이와 도서관에 가서 함께 방학 숙제를 한다고 했어요.

1단계 낱말 알아보기

1 교가   **2** 등교   **3** 학교   **4** 교복

1 학교를 상징하는 노래를 '교가'라고 해요.

2 아침에 학교에 가는 것을 '등교'라고 해요.

3 학생들에게 공부를 가르치는 곳을 '학교'라고 해요.

4 학교에서 학생들이 입도록 정한 옷을 '교복'이라고 해요.

2단계 문제 풀기

1 (1) 학교   (2) 등교   **2** (1) 교복   (2) 교가
3 예 등교를 하다가

1 (1) 횡단보도가 있는 곳은 '학교' 정문 앞이 알맞아요.

  (2) 지각하지 않기 위해 아침에 일찍 일어나서 학교에 가기 위해 '등교' 준비를 하는 것이 알맞아요.

2 (1) 새로 사서 입어 보는 것은 '교가'가 아니라 '교복'이 어울려요.

  (2) 노랫말이 쉬워 금방 외울 수 있는 것은 '교복'이 아니라 '교가'가 어울려요.

3단계 글로 익히기

1 (1) 교복   (2) 교가
2 (1) ④   (2) ㉮

1 (1) 학교에서 입도록 정한 옷은 '교복'이에요.

  (2) 학교를 상징하는 노래는 '교가'이에요.

2 (1) 엄마께서는 중학생이 되면 나에게 '교복'을 사 주신다고 약속하셨어요.

  (2) 언니는 나에게 '교가'를 가르쳐 준다고 약속했어요.

1단계 낱말 알아보기

1 교육　2 교사　3 교과서　4 교훈

1 지식이나 기술을 가르치는 일을 '교육'이라고 해요.

2 학교에서 학생들을 가르치는 사람을 '교사'라고 해요.

3 학교에서 어떤 과목을 가르치기 위해 필요한 책을 '교과서'라고 해요.

4 앞으로의 행동이나 생활에 도움이 될 만한 가르침을 '교훈'이라고 해요.

2단계 문제 풀기

1 (1) 교과서　(2) 교훈　　2 (1) 교육　(2) 교사
3 예 교과서에 나온 문제를

1 (1) 더하기에 대한 설명은 수학 '교과서'에 나오는 것이 알맞아요.

　(2) 동화책을 읽고 얻은 것은 '교훈'이 알맞아요.

2 (1) 초등학생은 학교에서 6년 동안 초등 '교육'을 받는 것이 어울려요.

　(2) 영어를 가르치는 사람은 외국인 '교사'가 알맞아요.

3단계 글로 익히기

1 (1) 교사　(2) 교훈
2 ㉠

1 (1) 학생들을 가르치는 분을 '교사'라고 해요.

　(2) 앞으로의 행동이나 생활에 도움이 될 만한 가르침을 '교훈'이라고 해요.

2 '나'는 이야기를 읽고 우리말을 가꾸기 위해 고운 말을 써야겠다고 생각했어요.

1단계 낱말 알아보기

1 실내　2 온실　3 거실　4 교실

1 방이나 건물의 안을 '실내'라고 해요.

2 식물을 가꾸는 따뜻한 방을 '온실'이라고 해요.

3 가족들이 모여서 생활하는 방을 '거실'이라고 해요.

4 학교에서 선생님과 친구들이 모여서 공부를 하는 방을 '교실'이라고 해요.

2단계 문제 풀기

1 (1) 온실　(2) 거실　　2 (1) 실내　(2) 교실
3 예 실내로 들어오니

1 (1) 온도가 따뜻해서 사계절 내내 꽃을 볼 수 있는 방은 '온실'이 어울려요.

　(2) 가족들이 모여서 영화를 보는 곳은 '교실'이 아니라 집의 '거실'이 어울려요.

2 (1) 운동장은 건물의 밖이므로 '실외'이고, 교실은 건물의 안이므로 '실내'가 알맞아요.

　(2) 선생님께서 들어오시는 곳은 선생님과 친구들이 모여서 공부를 하는 방인 '교실'이 알맞아요.

3단계 글로 익히기

1 (1) 거실　(2) 실내
2 ㉡

1 (1) 가족들이 모여 생활하는 공간을 '거실'이라고 해요.

　(2) 집 안이나 방 안을 뜻하는 말을 '실내'라고 해요.

2 엄마께서 화분을 옮겨 놓은 장소는 '거실'이에요.

1단계　낱말 알아보기

1 선조　　2 선생　　3 우선　　4 선배

1 아주 먼 윗대의 조상을 '선조'라고 해요.

2 학생을 가르치는 사람을 '선생'이라고 해요

3 어떤 일보다 앞서는 것을 '우선'이라고 해요.

4 학교에 먼저 입학하거나 직장에서 지위가 앞선 사람을 '선배'라고 해요.

2단계　문제 풀기

1 (1) 선배　(2) 선생　　2 (1) 우선　(2) 선조
3 ㉠ 우선 책상부터 정리하기로

1 (1) 우리 학교 '선배'들이 졸업을 하는 것이 어울려요.

(2) 수업 시작 종이 울리면 '선생'님이 교실로 들어오시는 것이 어울려요.

2 (1) 종이접기 수업이 시작하기 전에 '우선' 준비해야 하는 것은 색종이이에요.

(2) 첨성대는 우리 먼 윗대의 조상인 '선조'들이 남긴 자랑스러운 세계 문화유산이에요.

3단계　글로 익히기

1 (1) 선배　(2) 선조
2 (1) ○　(2) ○　(3) ×

1 (1) 우리 학교에 먼저 입학한 형을 '선배'라고 해요.

(2) 먼 윗대의 조상을 뜻하는 말은 '선조'가 알맞아요.

2 (1) 수원 화성은 정조가 건축을 계획했어요.

(2) 정약용은 서양식 건축 기술을 이용해서 수원 화성을 만들었다고 했어요.

(3) 수원 화성은 이미 유네스코 세계 문화유산으로 등재되어 있어요.

1단계　낱말 알아보기

1 직진　　2 수직　　3 직선　　4 직접

1 곧게 나아감을 뜻하는 말을 '직진'이라고 해요.

2 똑바로 드리우는 상태를 '수직'이라고 해요.

3 꺾이거나 굽은 데가 없는 곧은 선을 '직선'이라고 해요.

4 중간에 아무것도 끼어들지 않고 바로 연결되는 것을 뜻하는 말을 '직접'이라고 해요.

2단계　문제 풀기

1 (1) 직접　(2) 직진　　2 (1) 직선　(2) 수직
3 ㉠ 직접 만나서

1 (1) 직업 체험관에서 '직접' 빵을 만드는 것이 어울려요.

(2) 우리 집에서 '직진'하면 공원이 나오는 것이 어울려요.

2 (1) 두 '직선'이 평행하게 나아가고 있는 것이 어울려요.

(2) 폭포가 '수직' 상태로 떨어지는 것이 어울려요.

3단계　글로 익히기

1 (1) 직선　(2) 직진
2 (1) ×　(2) ○

1 (1) 꺾이거나 굽은 데가 없는 곧은 선은 '직선'이에요.

(2) 곧게 나아가는 것을 '직진'이라고 해요.

2 (1) 직각사각형은 네 개의 직각으로 이루어져 있어요.

(2) 두 직선이 만나 90도를 이루어야 직각이에요.

1단계 낱말 알아보기

1 등산　**2** 산성　**3** 산촌　**4** 산천

1 산에 오르는 것을 '등산'이라고 해요.

2 산 위에 쌓은 성을 '산성'이라고 해요.

3 산속에 있는 마을을 '산촌'이라고 해요.

4 산과 냇물이라는 뜻으로, 자연을 말하는 것은 '산천'이에요.

2단계 문제 풀기

1 (1) 등산　(2) 산천　　**2** (1) 산성　(2) 산촌
3 예 산성을 쌓아

1 (1) 우리 가족이 산에 오르는 '등산'을 하는 것이 알맞아요.

　(2) 봄에 핀 개나리꽃의 노란색으로 물드는 것은 '산천'이 알맞아요.

2 (1) 돌로 지어진 '산성'을 따라서 산에 오르는 것이 어울려요.

　(2) 할머니께서 산속에 있는 작은 마을인 '산촌'에서 태어나신 게 어울려요.

3단계 글로 익히기

1 (1) 등산　(2) 산촌
2 ㉠

1 (1) 산에 오르는 것을 '등산'이라고 해요.

　(2) 산속에 있는 마을을 '산촌'이라고 해요.

2 '나'와 아빠는 봄에 꽃이 가득 핀 산에 올랐어요.

1단계 낱말 알아보기

1 해양　**2** 해안　**3** 해풍　**4** 해녀

1 넓고 큰 바다를 '해양'이라고 해요.

2 바다와 땅이 맞닿은 부분을 '해안'이라고 해요.

3 바다에서 땅으로 불어오는 바람을 '해풍'이라고 해요.

4 바닷속에 들어가서 해산물을 따는 일을 직업으로 하는 여자를 '해녀'라고 해요.

2단계 문제 풀기

1 (1) 해풍　(2) 해녀　　**2** (1) 해양　(2) 해안
3 예 해안 근처에 서서

1 (1) 비와 함께 세게 몰아치는 것은 '해풍'이 알맞아요.

　(2) 전복을 따기 위해 바다에 들어가는 사람으로 '해녀'가 알맞아요.

2 (1) 태평양은 '해양'의 하나로 지구에서 가장 넓고 큰 바다이에요.

　(2) 모래성을 쌓을 수 있는 곳은 '해안'이 알맞아요.

3단계 글로 익히기

1 (1) 해양　(2) 해풍
2 ㉢ → ㉠ → ㉣ → ㉡

1 (1) 넓고 큰 바다를 '해양'이라고 해요.

　(2) 바다에서 땅으로 부는 바람을 '해풍'이라고 해요.

2 '나'는 제주도로 여행을 가서 바다를 구경하다가(㉢), 바다에서 해녀를 보게 되어요(㉠). 갑자기 해풍이 불자 '나'는 바닷속에 있는 해녀를 걱정해요(㉣). 하지만 해녀가 바다 위로 고개를 내밀고 손을 흔드는 것을 보고 안심해요(㉡).

1단계 낱말 알아보기

1 강호　**2** 강촌　**3** 강변　**4** 강산

1 강과 호수를 함께 '강호'라고 해요.

2 강가에 있는 마을을 '강촌'이라고 해요.

3 강의 가장자리에 잇닿아 있는 땅을 '강변'이라고 해요.

4 강과 산이라는 뜻으로, 자연의 경치를 '강산'이라고 해요.

2단계 문제 풀기

1 (1) 강변　(2) 강산　　**2** (1) 강호　(2) 강촌
3 예 아름다운 꽃이 핀 강산을 보고

1 (1) 강바람을 맞으며 '강변'에서 자전거를 탔다는 것이 어울려요.

(2) 산에 나무를 많이 심어 아름답게 될 수 있는 것은 '강산'이 어울려요.

2 (1) 달빛이 비추어 물결이 반짝거리는 곳으로 '강호'가 어울려요.

(2) 외할머니 댁이 있는 곳으로 '강촌'이 어울려요.

3단계 글로 익히기

1 (1) 강호　(2) 강촌
2 ㉠, ㉢

1 (1) 강과 호수를 '강호'라고 해요.

(2) 강가에 있는 마을을 '강촌'이라고 해요.

2 ㉠ 가족들은 강변을 거닐며 붕어를 보았다고 했어요.

㉢ 강가에 있는 마을 가까이에 가서 연을 날리는 아이들을 보았어요.

1단계 낱말 알아보기

1 백미　**2** 백기　**3** 백지　**4** 백군

1 흰 쌀을 '백미'라고 해요.

2 하얀색의 깃발을 '백기'라고 해요.

3 아무것도 쓰지 않은 하얀 종이를 '백지'라고 해요.

4 운동회에서 두 편을 나눌 때 하얀 쪽의 편을 '백군'이라고 해요.

2단계 문제 풀기

1 (1) 백미　(2) 백군　　**2** (1) 백기　(2) 백지
3 예 백지를 나누어 주시며

1 (1) 동생이 좋아하는 것은 흰 쌀인 '백미'로 지은 밥이 어울려요.

(2) 청군은 파란색 공을, '백군'은 하얀색 공을 굴리는 것이 어울려요.

2 (1) 백군이 응원할 때 휘날리는 것으로 하얀색의 깃발인 '백기'가 알맞아요.

(2) 내가 겨울 방학에 하고 싶은 일들을 적는 종이로는 아무것도 쓰지 않은 하얀 종이인 '백지'가 알맞아요.

3단계 글로 익히기

1 (1) 백미　(2) 백기
2 ㉠

1 (1) 하얀 쌀을 '백미'라고 해요.

(2) 하얀색의 깃발을 '백기'라고 해요.

2 내가 운동회에서 참여한 경기는 줄다리기이에요.

1단계 낱말 알아보기

1 청소년　**2** 청색　**3** 청산　**4** 청자

1 청년과 소년을 함께 '청소년'이라고 해요.

2 밝고 선명한 푸른색을 '청색'이라고 해요.

3 풀과 나무가 무성한 푸른 산을 '청산'이라고 해요.

4 흙으로 빚어서 높은 온도로 구워 낸 푸른 빛깔의 그릇을 '청자'라고 해요.

2단계 문제 풀기

1 (1) 청색　(2) 청소년　**2** (1) 청산　(2) 청자
3 예 청색 물감을

1 (1) 내가 가장 좋아하는 바지의 색으로 '청색'이 어울려요.

(2) 풍부한 영양소를 섭취해야 하는 것은 성장기 '청소년'이 알맞아요.

2 (1) 푸른 나무가 우거진 곳으로 '청산'이 알맞아요.

(2) 비색인 푸른 빛깔을 가지고 있는 것은 고려 '청자'가 어울려요.

3단계 글로 익히기

1 (1) 청산　(2) 청자
2 세아

1 (1) 나무가 무성한 푸른 산을 '청산'이라고 해요.

(2) 푸른 빛깔의 그릇을 '청자'라고 해요.

2 '나'는 불국사가 세계 문화유산에 등재되었다는 설명을 읽고 뿌듯했어요. 그리고 푸른 빛깔의 그릇인 청자를 보고 도자기의 섬세한 무늬에 감탄했어요. 하지만 '나'는 첨성대를 보지 못해서 아쉬웠어요.

1단계 낱말 알아보기

1 충전　**2** 전기　**3** 전구　**4** 전화

1 전자 제품에 전기 에너지를 채우는 일을 '충전'이라고 해요.

2 전자의 움직임으로 생기는 에너지를 '전기'라고 해요.

3 전류를 통하여 빛을 내는 유리알로 된 기구를 '전구'라고 해요.

4 말소리를 전파나 전류로 바꾸어 떨어져 있는 사람이 서로 이야기할 수 있게 만든 기계를 '전화'라고 해요.

2단계 문제 풀기

1 (1) 전화　(2) 충전　**2** (1) 전구　(2) 전기
3 예 전구를 고쳐

1 (1) 문자 메시지를 보낼 수 있는 것은 휴대 '전화'가 알맞아요.

(2) 소형 청소기를 오래 사용하기 위해서 '충전'을 하는 것이 알맞아요.

2 (1) 어두웠던 방을 환하게 하는 것은 '전구'가 알맞아요.

(2) 기름을 사용하지 않는 자동차는 '전기' 자동차가 알맞아요.

3단계 글로 익히기

1 (1) 전기　(2) 충전
2 ㉡

1 (1) 전자의 움직임으로 생기는 에너지를 '전기'라고 해요.

(2) 전기 에너지를 채우는 것을 '충전'이라고 해요.

2 냉장고는 사용 후에는 문을 꼭 닫아야 한다고 했어요.

韓 한국 한

본문 • 62~65쪽

1단계 낱말 알아보기

1 한국 **2** 한옥 **3** 한지 **4** 한복

1 대한민국을 '한국'이라고 해요.

2 우리나라 고유의 형식으로 지은 집을 '한옥'이라고 해요.

3 닥나무로 만든 우리나라 고유의 종이를 '한지'라고 해요.

4 예로부터 전해 온 우리나라 고유의 옷을 '한복'이라고 해요.

2단계 문제 풀기

1 (1) 한지 (2) 한옥 **2** (1) 한국 (2) 한복
3 예 한옥의 마당에서

1 (1) 붓을 들고 붓글씨를 쓸 수 있는 종이로 '한지'가 알맞아요.

   (2) 많은 비가 내려 기와들이 무너진 것은 '한옥'의 지붕이 알맞아요.

2 (1) 대통령은 대한민국인 '한국'을 대표하는 것이 알맞아요.

   (2) 옷고름이 있는 옷은 '한복'이 알맞아요.

3단계 글로 익히기

1 (1) 한국 (2) 한옥
2 (1) ㉡ (2) ㉠

1 (1) 대한민국을 '한국'이라고 해요.

   (2) 우리나라 고유의 형식으로 지은 집을 '한옥'이라고 해요.

2 (1) 가족들과 먹은 음식은 '떡국'이에요.

   (2) 가족들과 한 놀이는 '윷놀이'이에요.

國 나라 국

본문 • 66~69쪽

1단계 낱말 알아보기

1 국토 **2** 국사 **3** 국보 **4** 국기

1 나라의 땅을 '국토'라고 해요.

2 나라의 역사를 '국사'라고 해요.

3 나라에서 법으로 지정하여 보호하는 문화재를 '국보'라고 해요.

4 일정한 형식을 통해 한 나라의 역사나 이상을 상징하도록 정한 깃발을 '국기'라고 해요.

2단계 문제 풀기

1 (1) 국기 (2) 국보 **2** (1) 국사 (2) 국토
3 예 우리나라의 국보인

1 (1) 국경일에는 '국기'를 계양하는 것이 알맞아요.

   (2) 이순신의 난중일기는 우리나라 '국보'로 지정되어 있는 것이 알맞아요.

2 (1) 고려 시대 역사에 대해 배우기 위해 '국사' 교과서를 읽는 것이 어울려요.

   (2) 우리나라 '국토'의 삼면이 바다에 둘러싸여 있다는 것이 어울려요.

3단계 글로 익히기

1 (1) 국사 (2) 국토
2 ⑤

1 (1) 우리나라 역사를 '국사'라고 해요.

   (2) 우리나라 땅을 '국토'라고 해요.

2 10월 9일인 한글날은 이미 국경일로 지정되어 있어요.

1단계 낱말 알아보기

1 민심　**2** 국민　**3** 민속　**4** 민족

1 국민들의 마음을 '민심'이라고 해요.

2 나라를 구성하는 사람이나 그 나라의 국적을 가진 사람을 '국민'이라고 해요.

3 사람의 생활과 관련 있는 풍속, 습관, 전설, 기술, 문화 등을 '민속'이라고 해요.

4 같은 땅에서 오랜 세월 동안 함께 살면서 같은 말과 같은 문화를 기초로 해서 만들어진 사회 집단을 '민족'이라고 해요.

2단계 문제 풀기

1 (1) 민족　(2) 민속　**2** (1) 국민　(2) 민심
3 ㉔ 대표적인 민속놀이 중 하나이다.

1 (1) 분단이 큰 시련이 되는 것은 '민족'이 알맞아요.

　(2) 연날리기는 '민속'놀이이에요.

2 (1) 평화를 원하는 것은 '국민'이 어울려요.

　(2) 나라가 안정을 찾기 위해서 '민심'을 수습하는 것이 어울려요.

3단계 글로 익히기

1 (1) 국민　(2) 민심
2 ㉠: 금줄, ㉡: 나쁜 기운

1 (1) 우리나라 국적을 가진 사람들을 대한민국 '국민'이라고 해요.

　(2) 국민들의 마음을 '민심'이라고 해요.

2 우리 조상들은 아기를 낳았을 때 대문에 '금줄'을 쳐서 집안으로 '나쁜 기운'이 들어오지 못하도록 했다고 했어요.

1단계 낱말 알아보기

1 왕자　**2** 왕비　**3** 왕궁　**4** 왕도

1 임금의 아들을 '왕자'라고 해요.

2 임금의 아내를 '왕비'라고 해요.

3 임금이 사는 궁전을 '왕궁'이라고 해요.

4 임금으로서 마땅히 지켜야 할 도리 또는 덕을 근본으로 천하를 다스리는 도리를 '왕도'라고 해요.

2단계 문제 풀기

1 (1) 왕비　(2) 왕도　**2** (1) 왕궁　(2) 왕자
3 ㉔ 귀여운 왕자를 보살폈다. / 왕자를 낳았다.

1 (1) 신하들이 절을 하는 사람으로는 '왕비'가 알맞아요.

　(2) 임금이 몸가짐을 바르게 하는 것은 '왕도'에 어긋나는 행동을 하지 않기 위해서가 알맞아요.

2 (1) 덕수궁은 조선 시대의 '왕궁' 중 하나이에요.

　(2) 임금의 자리를 이을 사람은 '왕자'가 알맞아요.

3단계 글로 익히기

1 (1) 왕도　(2) 왕자
2 (1) ㉢　(2) ㉤　(3) ㉡　(4) ㉣　(5) ㉠

1 (1) 인덕을 근본으로 한 천하를 다스리는 도리를 '왕도'라고 해요.

　(2) 왕의 아들을 '왕자'라고 해요.

2 (1) '근정전'에서는 왕의 즉위식을 했어요.

　(2) '경회루'는 사신이나 군신들의 연회가 열렸어요.

　(3) '교태전'은 왕비의 침실이에요.

　(4) '동궁'은 왕자와 그의 아내가 지낸 공간이에요.

　(5) '강녕전'은 왕의 침실이에요.

1단계 낱말 알아보기

1 군복　2 군인　3 공군　4 국군

1 군인이 입는 제복을 '군복'이라고 해요.

2 군대에서 일하고 있는 사람을 '군인'이라고 해요.

3 주로 공중에서 전투를 하는 군인을 '공군'이라고 해요.

4 적으로부터 나라를 지키기 위해 조직한 군대를 '국군'이라고 해요.

2단계 문제 풀기

1 (1) 공군　(2) 군인　　2 (1) 군복　(2) 국군
3 ㉐ 군인이 된

1 (1) 전투 위치에 따라 육군, 해군, '공군'으로 나누는 것이 어울려요.

　(2) 위문편지는 '군인' 아저씨들께 쓰는 것이 어울려요.

2 (1) 벗는 것은 '군복'이 어울려요.

　(2) 전쟁이 시작되자 위기에 대비하기 위해 총동원하는 것은 '국군'이 어울려요.

3단계 글로 익히기

1 (1) 군복　(2) 공군
2 (1) ○　(2) ×　(3) ○

1 (1) 군인들이 입는 제복을 '군복'이라고 해요.

　(2) 공중에서 전투를 하는 군인을 '공군'이라고 해요.

2 (1) 국군의 날은 10월 1일이에요(○).

　(2) 국군의 날은 법정 기념일이에요(×).

　(3) 국군의 날은 군인들의 사기를 높이기 위해 지정된 날이에요(○).

1단계 낱말 알아보기

1 한문　2 한시　3 한강　4 한자

1 중국의 문자로 쓰인 글을 '한문'이라고 해요.

2 중국의 문자로만 이루어진 시를 '한시'라고 해요.

3 우리나라의 중부 지역을 지나 서해로 흘러드는 강을 '한강'이라고 해요.

4 중국에서 만들어져 오늘날에도 쓰고 있는 중국의 문자를 '한자'라고 해요.

2단계 문제 풀기

1 (1) 한자　(2) 한강　　2 (1) 한문　(2) 한시
3 ㉐ 한자 시험에서 100점을 받았다.

1 (1) 단어들을 만들 수 있는 것은 '한자'가 어울려요.

　(2) 다리가 많이 있는 곳은 '한강'이 어울려요.

2 (1) 옛날에 서당에서 훈장님께 배운 것으로 '한문'이 알맞아요.

　(2) 중국의 문자로만 쓰인 문학 작품은 '한시'가 알맞아요.

3단계 글로 익히기

1 (1) 한문　(2) 한시
2 (1) ○　(2) ×

1 (1) 중국의 문자로 쓰인 글을 '한문'이라고 해요.

　(2) 중국의 문자로만 이루어진 시를 '한시'라고 해요.

2 (1) '나'는 한시까지 읽어 보고 싶어 하는 마음을 가지고 있어요(○).

　(2) '나'는 한자를 틀리게 쓰지 않았어요(×).

門 문 문 본문·88~91쪽

1단계 낱말 알아보기

1 대문   **2** 교문   **3** 가문   **4** 창문

1 집의 큰 출입문을 '대문'이라고 해요.

2 학교에 드나드는 문을 '교문'이라고 해요.

3 가족 또는 가까운 친척으로 이루어진 집안을 '가문'이라고 해요.

4 공기나 햇빛을 받고, 밖을 내다볼 수 있도록 벽이나 지붕에 만든 문을 '창문'이라고 해요

2단계 문제 풀기

1 (1) 창문   (2) 가문   **2** (1) 대문   (2) 교문
3 예 창문으로 들어오자

1 (1) 야구공이 날아와 교실 '창문'의 유리를 깨뜨리는 것이 알맞아요.

 (2) 오래전부터 전해 내려오는 도자기는 '가문'에서 전해 내려오는 것이 알맞아요.

2 (1) 열어 놓은 '대문'으로 고양이가 들어온 것이 알맞아요.

 (2) 등굣길에 '교문' 앞에서 선생님을 뵙고 인사를 한 것이 알맞아요.

3단계 글로 익히기

1 (1) 가문   (2) 대문
2 (1) ○   (2) ×   (3) ×

1 (1) 가족 또는 친척으로 이루어진 집안은 '가문'이에요.

 (2) 집의 큰 출입문을 '대문'이라고 해요.

2 (1) '나'는 대문을 열고 마당 청소를 했어요(○).

 (2) '나'는 직접 창문을 열었어요(×).

 (3) 할아버지의 훈장에 먼지를 턴 사람은 아버지이에요(×).

力 힘 력(역) 본문·92~95쪽

1단계 낱말 알아보기

1 실력   **2** 체력   **3** 중력   **4** 노력

1 실제로 갖추고 있는 힘이나 능력을 '실력'이라고 해요.

2 신체적인 활동을 할 수 있는 몸의 힘을 '체력'이라고 해요.

3 지구가 지구 위의 물체를 끌어당기는 힘을 '중력'이라고 해요.

4 어떤 일을 이루기 위해 힘을 들이고 애를 쓰는 것을 '노력'이라고 해요.

2단계 문제 풀기

1 (1) 체력   (2) 노력   **2** (1) 실력   (2) 중력
3 예 체력을 기르기 위해

1 (1) 매주 축구 동아리에서 '체력' 훈련을 하는 것이 알맞아요.

 (2) 전통 문화를 지키려는 국민의 '노력'이 필요한 것이 알맞아요.

2 (1) 수학 '실력'을 기르기 위해서 문제를 스스로 풀어 보는 것이 알맞아요.

 (2) 지구에 '중력'이 사라진다면 물건들이 공중을 떠다니는 것이 어울려요.

3단계 글로 익히기

1 (1) 중력   (2) 노력
2 라켓, 셔틀콕

1 (1) 지구가 물체를 끌어당기는 힘을 '중력'이라고 해요.

 (2) 어떤 일을 이루기 위해 힘을 들이고 애를 쓰는 것을 '노력'이라고 해요.

2 배드민턴 경기에는 '라켓'과 '셔틀콕'이 필요해요.

1단계 낱말 알아보기

1 공간 **2** 공중 **3** 공기 **4** 공항

1 아무것도 없는 빈 곳을 '공간'이라고 해요.

2 하늘과 땅 사이의 빈 곳을 '공중'이라고 해요.

3 지구를 둘러싼 대기의 아랫부분을 구성하는 투명한 기체를 '공기'라고 해요.

4 비행기가 공중을 날 거나 뜰 수 있도록 하기 위해 사용하는 장소를 '공항'이라고 해요.

2단계 문제 풀기

1 (1) 공기 (2) 공중 **2** (1) 공항 (2) 공간
3 예 공중을 날아다닐

1 (1) 겨울이 되어 방 안의 '공기'가 차가워지는 것이 알맞아요.

(2) 놀이공원에서 하늘에 떠 있는 '공중' 그네를 탄 것이 알맞아요.

2 (1) 비행기가 인천 '공항'의 활주로에서 멈춘 것이 알맞아요.

(2) 책상을 뒤로 밀고 친구들과 함께 놀 수 있는 '공간'을 만든 것이 알맞아요.

3단계 글로 익히기

1 (1) 공간 (2) 공중
2 ㉡

1 (1) 아무것도 없는 빈 곳을 '공간'이라고 해요.

(2) 하늘과 땅 사이의 빈 곳을 '공중'이라고 해요.

2 '나'는 할머니와 함께 공항으로 아버지를 마중나갔어요.

1단계 낱말 알아보기

1 매년 **2** 매번 **3** 매주 **4** 매일

1 한 해 한 해 또는 해마다를 '매년'이라고 해요.

2 각각의 차례 또는 매 때마다를 '매번'이라고 해요.

3 각각의 주 또는 각각의 주마다를 '매주'라고 해요.

4 각각의 개별적인 날들 또는 하루하루마다를 '매일'이라고 해요.

2단계 문제 풀기

1 (1) 매년 (2) 매주 **2** (1) 매번 (2) 매일
3 예 매주 토요일이 되면

1 (1) '매년' 추석에 가족들이 윷놀이를 한 것이 알맞아요.

(2) 한 달에 네 번 '매주' 토요일에 친구들과 영화를 보러 가는 것이 알맞아요.

2 (1) 이 주마다 한 번 있는 독서 모임에 '매번' 늦게 온 것이 알맞아요.

(2) 일일 생활 계획표에는 '매일' 해야 할 일이 적혀 있는 것이 알맞아요.

3단계 글로 익히기

1 (1) 매년 (2) 매일
2 (1) ㉡ (2) ㉢ (3) ㉠

1 (1) 해마다를 '매년'이라고 해요.

(2) 하루하루마다를 '매일'이라고 해요.

2 (1) 놀이 기구를 타기 전에는 탈까 말까를 '고민'했어요.

(2) 놀이 기구의 자리에 앉을 때는 '긴장'해서 손에 땀이 난다고 했어요.

(3) 놀이 기구를 탈 때는 하늘을 날았던 것처럼 '신이 났다'고 했어요.

1단계 낱말 알아보기

1 농사　**2** 농부　**3** 농장　**4** 농촌

1 곡식이나 과일, 채소 등을 심고 기르고 거두는 일을 '농사'라고 해요.

2 곡식이나 과일, 채소 등을 심고 기르고 거두는 일을 직업으로 하는 사람을 '농부'라고 해요.

3 땅, 농기구, 노동력 등을 갖추고 식물을 가꾸거나, 동물을 기르는 일을 하는 곳을 '농장'이라고 해요.

4 곡식이나 과일, 채소 등을 심고 기르고 거두는 일을 하는 사람들이 주로 모여 사는 마을을 '농촌'이라고 해요.

2단계 문제 풀기

1 (1) 농장　(2) 농촌　　**2** (1) 농부　(2) 농사
3 ⟮예⟯ 농사가 잘되어서

1 (1) 토끼를 기르고 토끼가 태어난 곳으로 '농장'이 어울려요.

　　(2) 마을을 떠나는 사람이 늘어 일손이 부족해진 것은 '농촌'이 어울려요.

2 (1) 가을걷이를 하는 것은 '농부'가 어울려요.

　　(2) 비가 더 많이 내려 '농사'가 잘되는 것이 어울려요.

3단계 글로 익히기

1 (1) 농부　(2) 농사
2 준이

1 (1) 과일이나 채소를 심고 기르고 거두는 일을 직업으로 하는 사람을 '농부'라고 해요.

　　(2) 과일이나 채소를 심고 기르고 거두는 일을 '농사'라고 해요.

2 어머니께 딸기를 드렸더니 기뻐하시는 모습을 보고 '나'는 딸기 농장 사장님의 마음을 알 것 같다고 했어요.

1단계 낱말 알아보기

1 하차　**2** 정거　**3** 기차　**4** 자전거

1 타고 있던 차에서 내리는 것을 '하차'라고 해요.

2 차가 멎거나 차를 멈추는 것을 '정거'라고 해요.

3 사람이나 물건을 싣고 연료의 힘으로 철도 위를 달리는, 길이가 긴 차를 '기차'라고 해요.

4 사람이 타고 앉아 두 다리의 힘으로 바퀴를 돌려서 앞으로 가게 된 탈것을 '자전거'라고 해요.

2단계 문제 풀기

1 (1) 자전거　(2) 정거　　**2** (1) 하차　(2) 기차
3 ⟮예⟯ 자전거를 타며

1 (1) 과일 가게에 가기 위해 '자전거'를 타는 것이 알맞아요.

　　(2) 달리는 차가 '정거'를 할 때, 내려서 스트레칭을 하는 것이 어울려요.

2 (1) 버스에서 순서대로 '하차'하는 것이 알맞아요.

　　(2) 서울에서 부산까지 가기 위해 역에서 타는 것은 '기차'가 알맞아요.

3단계 글로 익히기

1 (1) 정거　(2) 하차
2 ⓒ

1 (1) 차가 멈춘 것을 '정거'라고 해요.

　　(2) 차에서 내린 것을 '하차'라고 해요.

2 '나'는 특히 시원한 바람을 맞으며 호수 근처에서 자전거를 탄 일이 가장 잊지 못할 추억이 되었다고 했어요.

六 여섯 륙(육) 본문 · 114~117쪽

1단계 낱말 알아보기

1 육면체 **2** 육반 **3** 육층 **4** 육학년

1 여섯 개의 평면으로 둘러싸인 도형이나 입체를 '육면체'라고 해요.

2 학교에서 한 학년을 학급 단위로 나눈 단위에서 여섯 번째를 '육반'이라고 해요.

3 건물의 같은 높이에 있는 부분을 아래에서 위로 차례를 매겨 셀 때 여섯 번째를 '육층'이라고 해요.

4 학습 수준에 따라 일 년 단위로 나눈 학교 교육의 단계에서 여섯 번째 단계를 '육학년'이라고 해요.

2단계 문제 풀기

1 (1) 육학년 (2) 육반 **2** (1) 육층 (2) 육면체
3 예 둘 다 육면체인 것을

1 (1) 초등학교의 최고 높은 학년은 '육학년'이 알맞아요.

  (2) 순서대로 사반, 오반, '육반'인 것이 알맞아요.

2 (1) '육층'까지 계단으로 걸어서 올라가는 것이 알맞아요.

  (2) 어머니께서 주신 선물 상자는 '육면체'의 모양인 것이 알맞아요.

3단계 글로 익히기

1 (1) 육층 (2) 육면체
2 (1) × (2) × (3) ○

1 (1) 여섯 번째 층을 '육층'이라고 해요.

  (2) 여섯 개의 평면으로 둘러싸인 도형을 '육면체'라고 해요.

2 (1) '나'는 육반이 아닌 오반이 되었다고 했어요(×).

  (2) '나'는 등굣길에 만난 동생들이 귀엽다고 생각했지만 인사를 한 것은 아니에요(×).

  (3) '나'의 교실은 우리 학교에서 가장 높은 층인 육층에 있다고 했어요(○).

七 일곱 칠 본문 · 118~121쪽

1단계 낱말 알아보기

1 칠순 **2** 칠십 **3** 칠일 **4** 칠월

1 일흔 날 또는 일흔 살을 '칠순'이라고 해요.

2 십의 일곱 배가 되는 수를 '칠십'이라고 해요.

3 날을 세는 단위에 따른 일곱 번째 날을 '칠일'이라고 해요.

4 한 해의 열두 달 가운데 일곱 번째 달을 '칠월'이라고 해요.

2단계 문제 풀기

1 (1) 칠순 (2) 칠월 **2** (1) 칠일 (2) 칠십
3 예 칠십 개가 된다.

1 (1) 아기가 두 살이 되기 위해서는 일흔 날인 '칠순'이 지나가야 하는 것이 알맞아요.

  (2) 즐거운 여름 방학이 '칠월'에 시작되는 것이 알맞아요.

2 (1) 일주일은 월요일부터 일요일까지 '칠일'이라는 것이 어울려요.

  (2) 누나가 '칠십' 일 동안 도서관에 다니기로 한 것이 어울려요.

3단계 글로 익히기

1 (1) 칠순 (2) 칠일
2 (1) ㉡ (2) ㉠ (3) ㉢

1 (1) 일흔 살을 '칠순'이라고 해요.

  (2) 일곱 번째 날을 '칠일'이라고 해요.

2 (1) 나는 풍선을 불었어요.

  (2) 언니는 편지를 썼어요.

  (3) 어머니는 케이크를 준비하셨어요.

1단계　낱말 알아보기

1 팔년　　**2** 팔방　　**3** 팔도　　**4** 팔각형

1 여덟 해를 '팔년'이라고 해요.

2 여러 방향을 '팔방'이라고 해요.

3 우리나라 전체를 '팔도'라고 해요.

4 여덟 개의 선으로 둘러싸인 도형을 '팔각형'이라고 해요.

2단계　문제 풀기

1 (1) 팔도　(2) 팔각형　　**2** (1) 팔년　(2) 팔방
3 ㉮ 팔각형을 그렸다.

1 (1) 김정호는 지도를 만들기 위해 전국 '팔도'를 다닌 것이
　　알맞아요.

　(2) 우리 동네 뒷산에는 '팔각형' 모양의 정자가 지어졌다는
　　것이 알맞아요.

2 (1) 우리 집에 온 강아지가 '팔년'이 지나고 몸집이 엄청 커
　　졌다고 하는 게 알맞아요.

　(2) 우리 가족은 '팔방'으로 흩어져 고양이를 찾아 돌아다니
　　는 게 알맞아요.

3단계　글로 익히기

1 (1) 팔년　(2) 팔방
2 ㉡

1 (1) 여덟 해를 '팔년'이라고 해요.

　(2) 여러 방향을 '팔방'이라고 해요.

2 '나'는 가족과 주막에 들어가 팔각형 모양의 상에 앉아 비빔밥
　을 먹었어요.

1단계　낱말 알아보기

1 구시　　**2** 구회　　**3** 구만리　　**4** 구구단

1 아홉 시를 '구시'라고 해요.

2 아홉 번째로 돌아오는 차례를 '구회'라고 해요.

3 아득하게 먼 거리를 비유적으로 '구만리'라고 해요.

4 1에서 9까지의 각 수를 두 수끼리 서로 곱하여 그 값을 나타
　낸 것을 '구구단'이라고 해요.

2단계　문제 풀기

1 (1) 구시　(2) 구만리　　**2** (1) 구구단　(2) 구회
3 ㉮ 구구단을 외우니

1 (1) 시계가 밤 '구시'를 가리키면 잠자리에 든다고 하는 것이
　　알맞아요.

　(2) 우리가 놓아 준 새가 '구만리' 밖으로 날아가는 것이 알
　　맞아요.

2 (1) 덧셈과 뺄셈은 쉬운데 '구구단'과 나눗셈은 아직 어렵다
　　는 것이 알맞아요.

　(2) 독서 모임이 팔회를 지나 '구회'가 되는 것이 알맞아요.

3단계　글로 익히기

1 (1) 구시　(2) 구만리
2 (1) ○　(2) ×　(3) ○

1 (1) 아홉 시를 '구시'라고 해요.

　(2) 아득하게 먼 거리를 비유적으로 '구만리'라고 해요.

2 (1), (3) 상대 팀보다 3점을 뒤지고 있던 구회에 앞 선수가 1점
　　을 더 낸 뒤에 내 차례가 되었어요. 그러니 내 차례가 되
　　기 전에 우리 팀은 상대 팀보다 2점이 적었어요. 그리고
　　내 차례 때 내가 3점 홈런을 쳤어요. 그래서 우리 팀은 상
　　대 팀을 역전해 1점 차이로 승리했어요.

　(2) 야구 경기는 오전 아홉 시에 했어요.

1단계 낱말 알아보기

1 십자　**2** 수십　**3** 십분　**4** 십중팔구

1 '十' 자와 같은 모양을 '십자'라고 해요.

2 십의 여러 배가 되는 수를 '수십'이라고 해요.

3 한 시간의 60분의 1에 해당하는 시간이 열 번 지나는 동안의 시간을 '십분'이라고 해요.

4 열 가운데 여덟이나 아홉 정도로 거의 대부분이거나 틀림없다는 것을 '십중팔구'라고 해요.

2단계 문제 풀기

1 (1) 수십　(2) 십분　　**2** (1) 십중팔구　(2) 십자
3 예 수십 명의 관객들이

1 (1) 아버지는 어릴 적 친구를 '수십' 년 만에 만나신 게 알맞아요.

　(2) 등교 시간에 '십분'을 지각해서 선생님께 혼이 난 것이 알맞아요.

2 (1) 배운 내용을 복습하지 않으면 '십중팔구' 잊어버린다는 것이 알맞아요.

　(2) 나는 병원을 상징하는 모양이 왜 '십자' 모양인지 궁금해하는 게 알맞아요.

3단계 글로 익히기

1 (1) 수십　(2) 십중팔구
2 (1) ㉠　(2) ㉡

1 (1) 십의 여러 배가 되는 것을 '수십'이라고 해요.

　(2) 열 가운데 여덟이나 아홉 정도로 거의 틀림없는 것을 '십중팔구'라고 해요.

2 (1) '나'는 주하와 아홉 시에 만나기로 약속했어요.

　(2) '나'는 주하와 교차로 앞에서 만나기로 했어요.

1단계 낱말 알아보기

1 만국　**2** 만물　**3** 오만　**4** 만세

1 세계의 모든 나라를 '만국'이라고 해요.

2 세상에 있는 모든 것을 '만물'이라고 해요.

3 매우 종류가 많은 여러 가지를 '오만'이라고 해요.

4 바람이나 기쁨 등을 나타내기 위해 두 손을 높이 들면서 외치는 말에 따라 하는 동작을 '만세'라고 해요.

2단계 문제 풀기

1 (1) 만물　(2) 만세　　**2** (1) 만국　(2) 오만
3 예 만세를 부르며

1 (1) 밤이 되니 창밖의 '만물'도 잠에 든 것 같았다고 하는 것이 알맞아요.

　(2) 줄다리기에 이긴 백군이 '만세'를 부르는 것이 알맞아요.

2 (1) 그녀가 '만국'의 평화를 위해 평생을 바친 것이 알맞아요.

　(2) 발명가인 그의 방에 '오만' 가지의 물건이 나뒹굴고 있다는 것이 알맞아요.

3단계 글로 익히기

1 (1) 만국　(2) 만물
2 ④

1 (1) 세계의 모든 나라를 '만국'이라고 해요.

　(2) 세상에 있는 모든 것을 '만물'이라고 해요.

2 올림픽 정신은 승리하는 것보다 참여하는 것에 있으며, 성공보다 노력이 중요함을 일깨우는 것이라고 했어요. 그리고 나아가 세계 평화를 소망한다고 했어요.

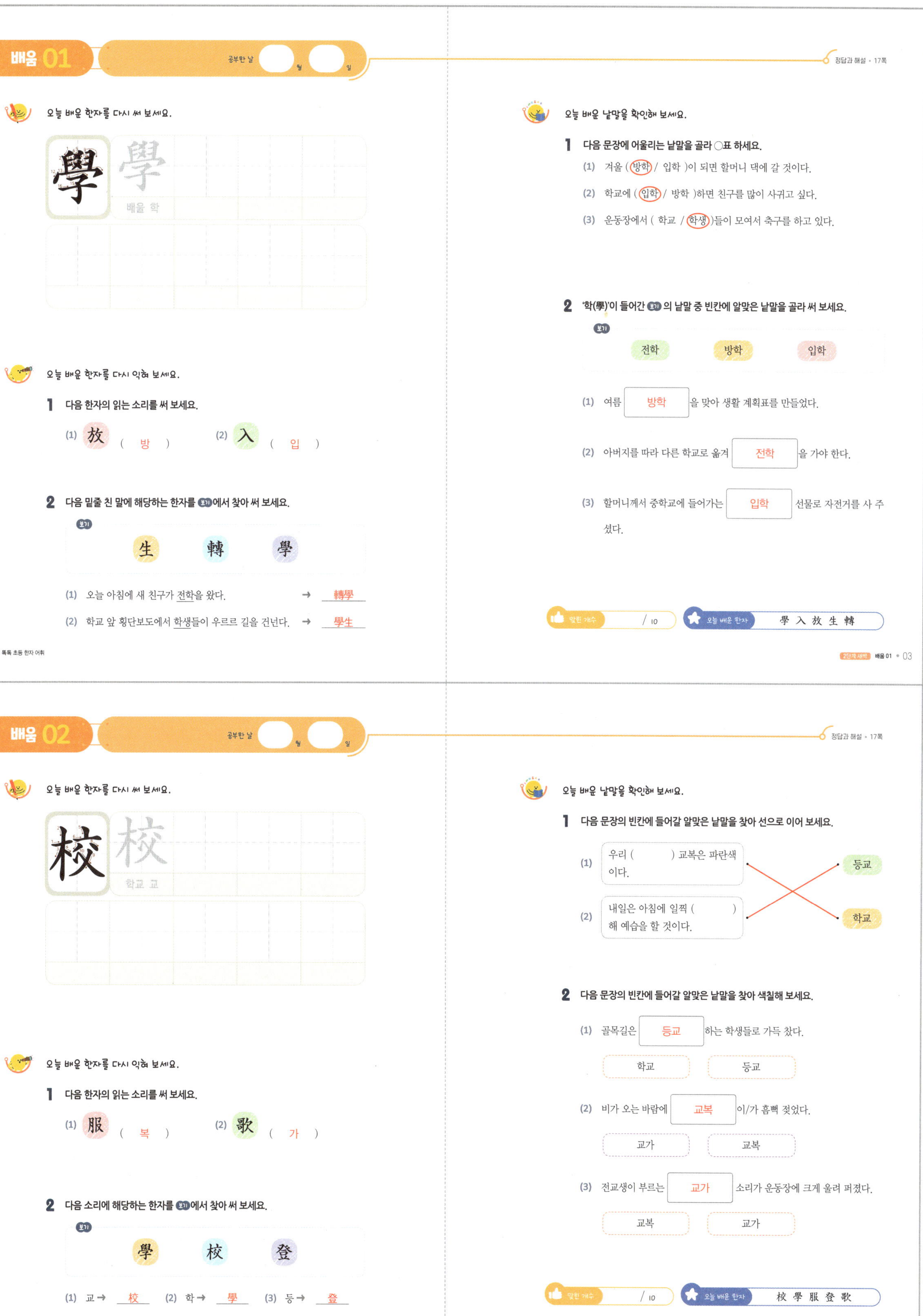

오늘 배운 한자를 다시 써 보세요.

學 / 學 / 배울 학

오늘 배운 한자를 다시 익혀 보세요.

1 다음 한자의 읽는 소리를 써 보세요.

(1) 放 (방)   (2) 入 (입)

2 다음 밑줄 친 말에 해당하는 한자를 보기에서 찾아 써 보세요.

보기: 生   轉   學

(1) 오늘 아침에 새 친구가 <u>전학</u>을 왔다. → 轉學

(2) 학교 앞 횡단보도에서 <u>학생</u>들이 우르르 길을 건넌다. → 學生

오늘 배운 낱말을 확인해 보세요.

1 다음 문장에 어울리는 낱말을 골라 ○표 하세요.

(1) 겨울 (**방학** / 입학)이 되면 할머니 댁에 갈 것이다.

(2) 학교에 (**입학** / 방학)하면 친구를 많이 사귀고 싶다.

(3) 운동장에서 (학교 / **학생**)들이 모여서 축구를 하고 있다.

2 '학(學)'이 들어간 보기의 낱말 중 빈칸에 알맞은 낱말을 골라 써 보세요.

보기: 전학   방학   입학

(1) 여름 [방학]을 맞아 생활 계획표를 만들었다.

(2) 아버지를 따라 다른 학교로 옮겨 [전학]을 가야 한다.

(3) 할머니께서 중학교에 들어가는 [입학] 선물로 자전거를 사 주셨다.

맞힌 개수   / 10   오늘 배운 한자   學 入 放 生 轉

오늘 배운 한자를 다시 써 보세요.

校 / 校 / 학교 교

오늘 배운 한자를 다시 익혀 보세요.

1 다음 한자의 읽는 소리를 써 보세요.

(1) 服 (복)   (2) 歌 (가)

2 다음 소리에 해당하는 한자를 보기에서 찾아 써 보세요.

보기: 學   校   登

(1) 교 → 校   (2) 학 → 學   (3) 등 → 登

오늘 배운 낱말을 확인해 보세요.

1 다음 문장의 빈칸에 들어갈 알맞은 낱말을 찾아 선으로 이어 보세요.

(1) 우리 (　　　) 교복은 파란색이다.   등교

(2) 내일은 아침에 일찍 (　　　) 해 예습을 할 것이다.   학교

2 다음 문장의 빈칸에 들어갈 알맞은 낱말을 찾아 색칠해 보세요.

(1) 골목길은 [등교] 하는 학생들로 가득 찼다.   학교 / 등교

(2) 비가 오는 바람에 [교복] 이/가 흠뻑 젖었다.   교가 / 교복

(3) 전교생이 부르는 [교가] 소리가 운동장에 크게 울려 퍼졌다.   교복 / 교가

맞힌 개수   / 10   오늘 배운 한자   校 學 服 登 歌

 오늘 배운 한자를 다시 써 보세요.

教　教　가르칠 교

 오늘 배운 한자를 다시 익혀 보세요.

1 다음 한자의 읽는 소리를 써 보세요.

(1) 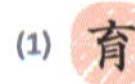 育 (육)　　(2)  師 (사)

2 다음 밑줄 친 말에 해당하는 한자를 보기에서 찾아 써 보세요.

보기
教　科　訓　書

(1) 영화를 보고 자연은 소중하다는 <u>교훈</u>을 얻었다.　→　教訓

(2) 수학 <u>교과서</u>에서 곱셈과 나눗셈에 대해 배웠다.　→　教科書

오늘 배운 낱말을 확인해 보세요.

1 다음 문장의 빈칸에 들어갈 알맞은 낱말을 찾아 색칠해 보세요.

(1) 나는 [교과서] 에 나온 확인 문제를 풀어 보았다.

　　　[교사]　　　[교과서]

(2) 공부할 수 있는 [교육] 환경을 갖추는 것이 중요하다.

　　　[교육]　　　[교훈]

(3) 나는 이번 실패를 [교훈] (으)로 삼아 다시는 실수하지 않을 것이다.

　　　[교훈]　　　[교사]

2 다음 문장에 어울리는 낱말을 골라 ○표 하세요.

(1) 가방에 국어 (교사 / (교과서))가 없어서 깜짝 놀랐다.

(2) 가정에서 아이들에게 안전 ((교육) / 교훈)을 반드시 해야 한다.

(3) 담임 선생님은 올해 처음으로 ((교사) / 교훈)이/가 되신 분이시다.

맞힌 개수 　 / 10　　★ 오늘 배운 한자　教 育 訓 科 書 師

 오늘 배운 한자를 다시 써 보세요.

室　室　집 실

 오늘 배운 한자를 다시 익혀 보세요.

1 다음 한자의 읽는 소리를 써 보세요.

(1) 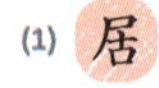 居 (거)　　(2)  溫 (온)

2 다음 소리에 해당하는 한자를 보기에서 찾아 써 보세요.

보기
室　教　內

(1) 교 → 教　(2) 실 → 室　(3) 내 → 內

오늘 배운 낱말을 확인해 보세요.

1 다음 문장의 빈칸에 들어갈 알맞은 낱말을 찾아 선으로 이어 보세요.

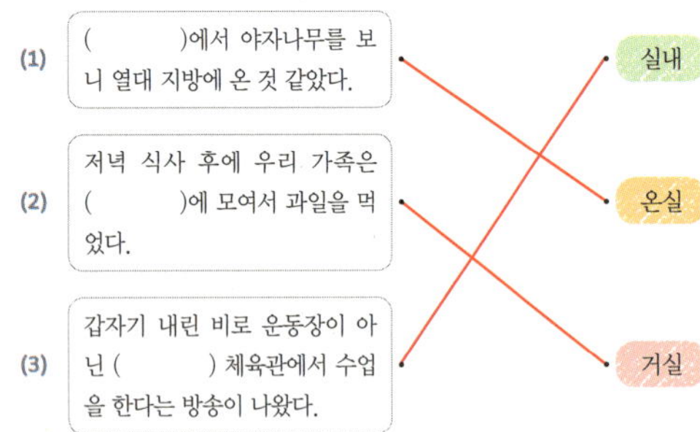

(1) (　　　)에서 야자나무를 보니 열대 지방에 온 것 같았다.　　　실내

(2) 저녁 식사 후에 우리 가족은 (　　　)에 모여서 과일을 먹었다.　　　온실

(3) 갑자기 내린 비로 운동장이 아닌 (　　　) 체육관에서 수업을 한다는 방송이 나왔다.　　　거실

2 '실(室)'이 들어간 보기의 낱말 중 빈칸에 알맞은 낱말을 골라 써 보세요.

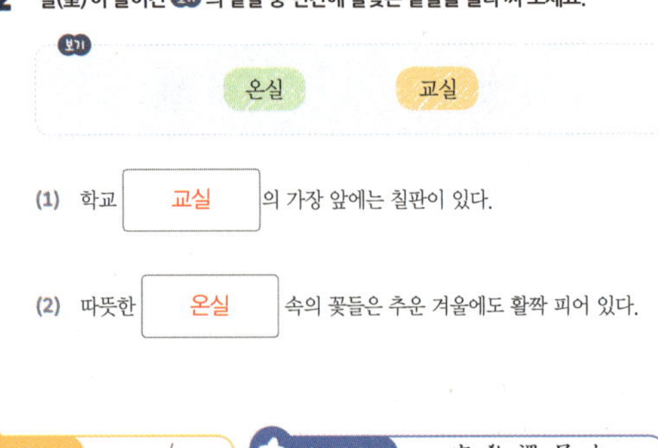
보기
온실　　　교실

(1) 학교 [교실] 의 가장 앞에는 칠판이 있다.

(2) 따뜻한 [온실] 속의 꽃들은 추운 겨울에도 활짝 피어 있다.

맞힌 개수 　 / 10　　★ 오늘 배운 한자　室 教 溫 居 內

배움 05

공부한 날 월 일

오늘 배운 한자를 다시 써 보세요.

先 先

먼저 선

오늘 배운 한자를 다시 익혀 보세요.

1 다음 한자의 읽는 소리를 써 보세요.

(1) 于 (우)　　(2) 生 (생)

2 다음 밑줄 친 말에 해당하는 한자를 보기에서 찾아 써 보세요.

보기

先　祖　輩

(1) 이 누나는 우리 학교 선배이다. → 先輩

(2) 우리 선조들은 주로 농사를 짓고 살았다. → 先祖

오늘 배운 낱말을 확인해 보세요.

1 다음 문장의 빈칸에 들어갈 알맞은 낱말을 찾아 색칠해 보세요.

(1) 물놀이를 하기 전에 [우선] 준비 운동을 했다.

우선　선조

(2) 반에는 한 분의 [선생]과 여러 명의 제자들이 있다.

우선　선생

(3) 아주 옛 [선조]들이 남기신 문화유산을 소중히 지켜야 한다.

선배　선조

2 다음 문장의 빈칸에 들어갈 알맞은 낱말을 찾아 선으로 이어 보세요.

(1) 5학년 ( )들과 함께 체험 학습을 갔다. — 선배

(2) 글을 쓰기 위해 ( ) 주제부터 정하기로 했다. — 우선

(3) ( )들은 위기에서 우리 나라를 지키기 위해 애쓰셨다. — 선조

맞힌 개수 / 10　　오늘 배운 한자 先 輩 生 祖 于

배움 06

공부한 날 월 일

오늘 배운 한자를 다시 써 보세요.

直 直

곧을 직

오늘 배운 한자를 다시 익혀 보세요.

1 다음 한자의 읽는 소리를 써 보세요.

(1) 垂 (수)　　(2) 線 (선)

2 다음 소리에 해당하는 한자를 보기에서 찾아 써 보세요.

보기

接　直　進

(1) 직 → 直　(2) 접 → 接　(3) 진 → 進

오늘 배운 낱말을 확인해 보세요.

1 다음 문장에 어울리는 낱말을 골라 ○표 하세요.

(1) 연필로 그은 선은 곧은 (직접 / (직선))이다.

(2) 하늘로 솟았던 공이 ((수직) / 직접)으로 떨어졌다.

(3) 네 각이 모두 ((직각) / 직진)인 사각형은 직각사각형이다.

2 '직(直)'이 들어간 보기의 낱말 중 빈칸에 알맞은 낱말을 골라 써 보세요.

보기

직진　직선

(1) 두 [직선]이 만나 60도의 각이 만들어졌다.

(2) 공원 정문에서 [직진]하면 멋진 분수대가 나타난다.

맞힌 개수 / 10　　오늘 배운 한자 直 線 垂 進 接

 오늘 배운 한자를 다시 써 보세요.

山 / 山
메 산

 오늘 배운 한자를 다시 익혀 보세요.

1 다음 한자의 읽는 소리를 써 보세요.

(1) 村 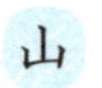 (촌)　　(2) 川  (천)

2 다음 밑줄 친 말에 해당하는 한자를 [보기]에서 찾아 써 보세요.

[보기]  登  山 　 城

(1) 한라산을 <u>등산</u>하려고 제주도에 갔다. → 登山

(2) 이 산에 있는 <u>산성</u>을 따라 가면 시내가 나타난다. → 山城

 오늘 배운 낱말을 확인해 보세요.

1 다음 문장에 어울리는 낱말을 골라 ○표 하세요.

(1) (등산 / (산촌))에 밤이 찾아오면 동물들도 잠에 든다.

(2) 어머니는 ((등산) / 산성)을 하시다가 발목을 다치셨다.

(3) 병사들은 힘을 모아 튼튼한 돌로 (산천 / (산성))을 만들었다.

2 '산(山)'이 들어간 [보기]의 낱말 중 빈칸에 알맞은 낱말을 골라 써 보세요.

[보기] 산성 　 산천 　 산촌

(1) 할머니는 항상 고향의 맑고 푸른 | 산천 |을 그리워하셨다.

(2) 장군은 평야가 아닌 산에 있는 높은 | 산성 |으로 재빨리 이동했다.

(3) | 산촌 |에 사는 사람들은 산에 많은 눈이 내려 밖으로 나올 수 없었다.

맞힌 개수 ______ / 10 　 오늘 배운 한자 山 川 村 城 登

 오늘 배운 한자를 다시 써 보세요.

海 / 海
바다 해

오늘 배운 한자를 다시 익혀 보세요.

1 다음 한자의 읽는 소리를 써 보세요.

(1) 女  (녀)　　(2) 風  (풍)

2 다음 소리에 해당하는 한자를 [보기]에서 찾아 써 보세요.

[보기]  海 　 岸 　 洋

(1) 해 → 海　(2) 양 → 洋　(3) 안 → 岸

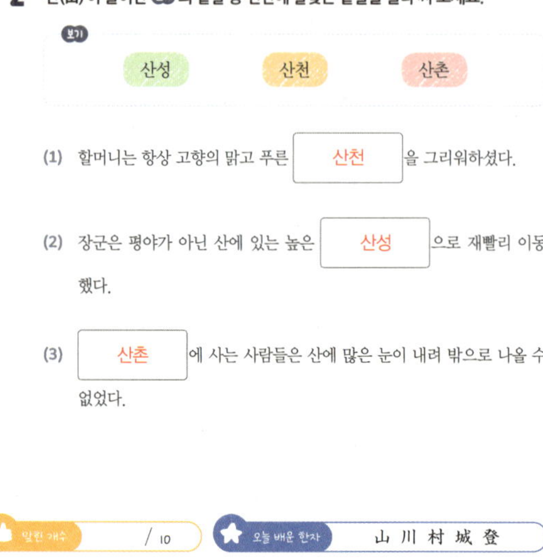 오늘 배운 낱말을 확인해 보세요.

1 다음 문장의 빈칸에 들어갈 알맞은 낱말을 찾아 선으로 이어 보세요.

(1) ( )이/가 세차게 몰아쳤다.

(2) ( )이/가 바닷속에서 직접 잡은 전복을 먹었다.

(3) 맨발로 ( )을/를 따라 걸었더니 모래가 발바닥에 많이 묻었다.

해안
해녀
해풍

2 다음 문장의 빈칸에 들어갈 알맞은 낱말을 찾아 색칠해 보세요.

(1) | 해안 |에 돛단배가 잠시 머무르고 있다.

해녀 　　 해안

(2) 심각한 | 해양 | 오염으로 인해 많은 물고기들이 죽었다.

해양 　　 해풍

 맞힌 개수 ______ / 10 　 오늘 배운 한자 海 岸 洋 女 風

오늘 배운 한자를 다시 써 보세요.

江 江
강 강

오늘 배운 한자를 다시 익혀 보세요.

1 다음 한자의 읽는 소리를 써 보세요.

(1) 山 (산)   (2) 湖 (호)

2 다음 밑줄 친 말에 해당하는 한자를 보기 에서 찾아 써 보세요.

보기

村   江   邊

(1) 강변을 따라 걷다 보니 유람선을 볼 수 있었다. → 江邊

(2) 강촌에 있는 삼촌 댁에서 잔잔히 흐르는 강을 보았다. → 江村

오늘 배운 낱말을 확인해 보세요.

1 다음 문장의 빈칸에 들어갈 알맞은 낱말을 찾아 색칠해 보세요.

(1) 햇빛에 비친   강호   의 물이 보석처럼 반짝였다.

   강호   강촌

(2) 우리나라의 아름다운 경치를 '금수   강산   '(이)라고 한다.

   강산   강호

(3)   강변   에서 팔딱이는 물고기를 살리기 위해 강물에 던졌다.

   강변   강촌

2 다음 문장에 어울리는 낱말을 골라 ○표 하세요.

(1) (강촌 / 강호)의 물속에는 작은 미생물들이 살고 있다.

(2) 휴가를 맞아 소양강가의 (강산 / 강촌) 마을로 캠핑을 갔다.

(3) 강의 가장자리인 (강변 / 강호)에 모래를 쌓아 물이 들어오지 못하게 했다.

맞힌 개수   / 10   오늘 배운 한자   江 山 村 邊 湖

오늘 배운 한자를 다시 써 보세요.

白 白
흰 백

오늘 배운 한자를 다시 익혀 보세요.

1 다음 한자의 읽는 소리를 써 보세요.

(1) 米 (미)   (2) 紙 (지)

2 다음 소리에 해당하는 한자를 보기 에서 찾아 써 보세요.

보기

白   旗   軍

(1) 기 → 旗   (2) 백 → 白   (3) 군 → 軍

오늘 배운 낱말을 확인해 보세요.

1 다음 문장의 빈칸에 들어갈 알맞은 낱말을 찾아 선으로 이어 보세요.

(1) 운동회에서 청군이 (   ) 을/를 이겼다.   백미

(2) 저녁에는 (   )(으)로 지은 따뜻한 밥과 김치를 먹었다.   백군

(3) 어머니께서 (   )을/를 주시며 하고 싶은 말을 쓰라고 하셨다.   백지

2 '백(白)'이 들어간 보기 의 낱말 중 빈칸에 알맞은 낱말을 골라 써 보세요.

보기

백기   백미

(1) 방앗간에   백미   를 가져가 가래떡을 만들었다.

(2) 운동회에서 백군은   백기   를 흔들며 응원을 했다.

맞힌 개수   / 10   오늘 배운 한자   白 紙 旗 米 軍

공부한 날   월   일

정답과 해설 · 22쪽

오늘 배운 한자를 다시 써 보세요.

青 / 青 푸를 청

오늘 배운 한자를 다시 익혀 보세요.

1 다음 한자의 읽는 소리를 써 보세요.

(1) 瓷 (자)   (2) 色 (색)

2 다음 밑줄 친 말에 해당하는 한자를 〔보기〕에서 찾아 써 보세요.

보기

青　少　年　山

(1) 여름이 되니 청산이 더욱 푸르러졌다.　→　青山

(2) 청소년을 위한 음악회에 언니와 함께 갔다.　→　青少年

오늘 배운 낱말을 확인해 보세요.

1 다음 문장의 빈칸에 들어갈 알맞은 낱말을 찾아 색칠해 보세요.

(1) 고려 시대 [청자] 에 새겨진 무늬는 매우 독창적이다.

　　청산　　　청자

(2) 영화관에서는 [청소년] 과 성인을 구분하여 입장료를 받는다.

　　청소년　　　청산

(3) [청색] 치마를 입고 소풍을 가는 동생이 무척이나 귀여웠다.

　　청색　　　청자

2 다음 문장의 빈칸에 들어갈 알맞은 낱말을 찾아 선으로 이어 보세요.

(1) (　　) 빛의 바다를 보면 내 마음도 깨끗해지는 듯하다.　　　청산

(2) 언니는 (　　)의 고민을 들어 주는 상담 센터에서 일한다.　　　청색

(3) 맑은 강은 (　　) 주변을 한참 돌다가 바다로 흘러 들어갔다.　　　청소년

맞힌 개수　　/ 10

오늘 배운 한자　　青 瓷 色 山 少 年

공부한 날   월   일

정답과 해설 · 22쪽

오늘 배운 한자를 다시 써 보세요.

電 / 電 번개 전

오늘 배운 한자를 다시 익혀 보세요.

1 다음 한자의 읽는 소리를 써 보세요.

(1) 話 (화)   (2) 氣 (기)

2 다음 소리에 해당하는 한자를 〔보기〕에서 찾아 써 보세요.

보기

電　球　充

(1) 구 → 球　(2) 충 → 充　(3) 전 → 電

오늘 배운 낱말을 확인해 보세요.

1 다음 문장에 어울리는 낱말을 골라 ○표 하세요.

(1) (전기 / 전화) 콘센트 버튼을 누르니 컴퓨터가 꺼졌다.

(2) 준비물을 물어보려고 나희에게 (전화 / 전기)를 걸었다.

(3) 어제 휴대 전화를 (충전 / 전구)하지 못해 전원이 켜지지 않는다.

2 '전(電)'이 들어간 〔보기〕의 낱말 중 빈칸에 알맞은 낱말을 골라 써 보세요.

보기

전구　　　전기

(1) [전기] 자동차는 석유를 사용하지 않는다.

(2) 동그란 [전구] 에 불이 들어오니 벌레가 모여들었다.

맞힌 개수　　/ 10

오늘 배운 한자　　電 氣 充 話 球

나라 01

공부한 날 월 일

정답과 해설 • 23쪽

오늘 배운 한자를 다시 써 보세요.

韓 韓
한국 한

오늘 배운 한자를 다시 익혀 보세요.

1 다음 한자의 읽는 소리를 써 보세요.

(1) 屋 (옥)　(2) 紙 (지)

2 다음 밑줄 친 말에 해당하는 한자를 보기 에서 찾아 써 보세요.

보기
服　國　韓

(1) 한국의 대중음악을 해외 사람들이 좋아한다. → 韓國

(2) 여자가 입는 한복은 저고리와 치마 등이 있다. → 韓服

오늘 배운 낱말을 확인해 보세요.

1 다음 문장에 어울리는 낱말을 골라 ○표 하세요.

(1) 설날에 ((한복) / 한국)을 곱게 차려입고 세배를 했다.

(2) 전통 ((한옥) / 한지)은/는 따뜻한 온돌로 추위를 견디었다.

(3) 할아버지께서 ((한지) / 한복)(으)로 방패연을 만들어 주셨다.

2 '한(韓)'이 들어간 보기 의 낱말 중 빈칸에 알맞은 낱말을 골라 써 보세요.

보기
한국　한옥　한지

(1) 비빔밥과 불고기는 외국인이 사랑하는 [한국] 음식이다.

(2) [한옥]의 지붕은 흙으로 만든 기와나 볏짚을 올려서 만들었다.

(3) 방문에 붙은 [한지]은/는 가볍고 질겨서 바람을 잘 막아 준다.

맞힌 개수 / 10　오늘 배운 한자 韓 紙 服 國 屋

나라 02

공부한 날 월 일

정답과 해설 • 23쪽

오늘 배운 한자를 다시 써 보세요.

國 國
나라 국

오늘 배운 한자를 다시 익혀 보세요.

1 다음 한자의 읽는 소리를 써 보세요.

(1) 旗 (기)　(2) 史 (사)

2 다음 소리에 해당하는 한자를 보기 에서 찾아 써 보세요.

보기
國　土　寶

(1) 국 → 國　(2) 보 → 寶　(3) 토 → 土

오늘 배운 낱말을 확인해 보세요.

1 다음 문장의 빈칸에 들어갈 알맞은 낱말을 찾아 선으로 이어 보세요.

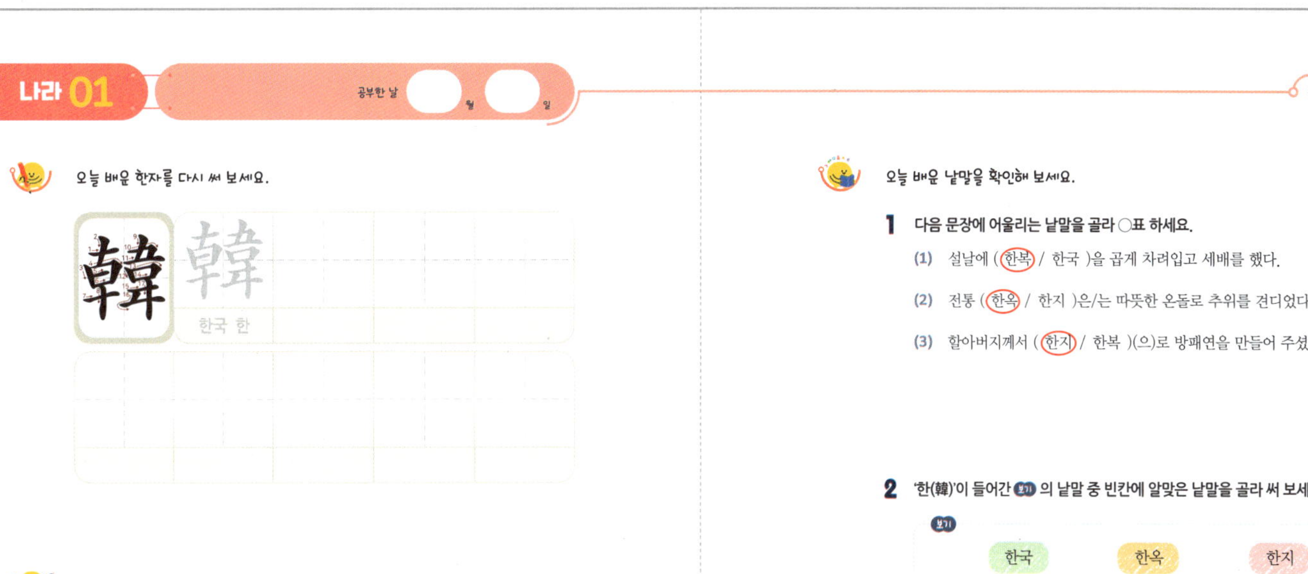

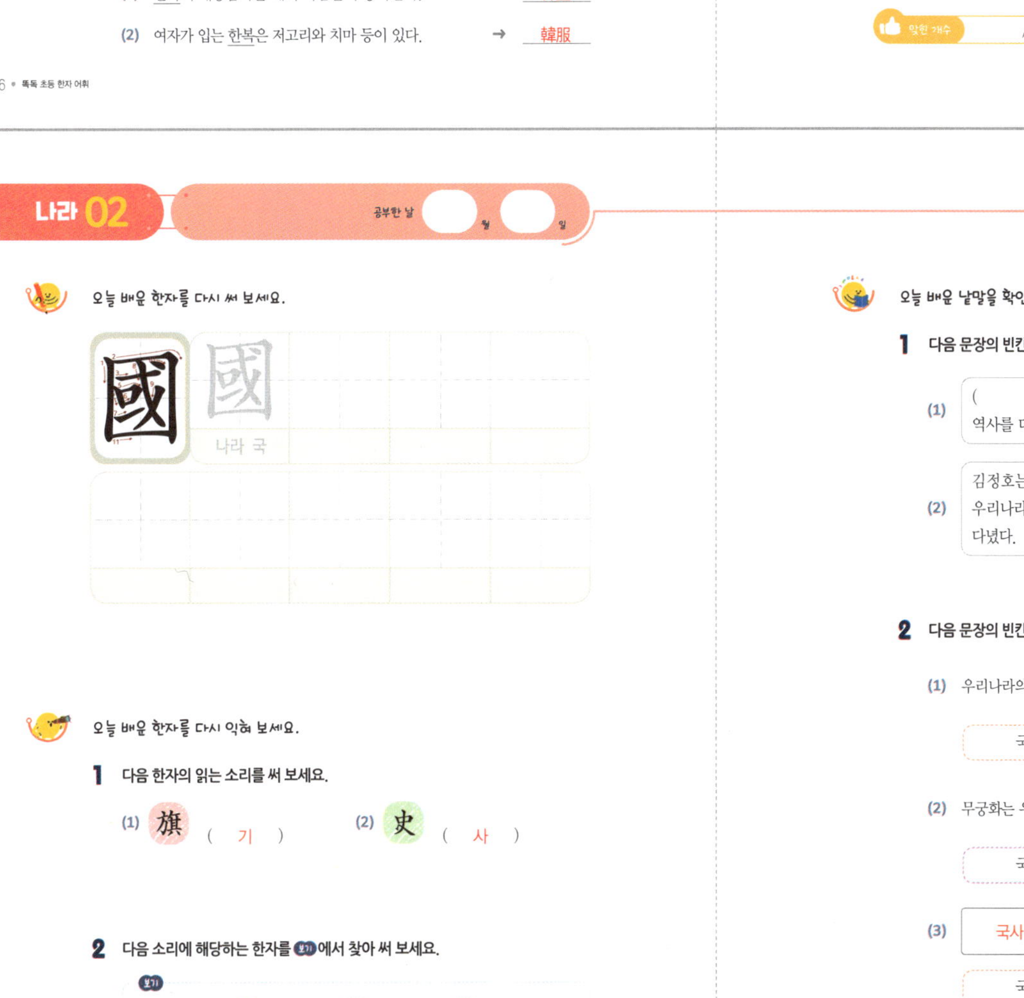

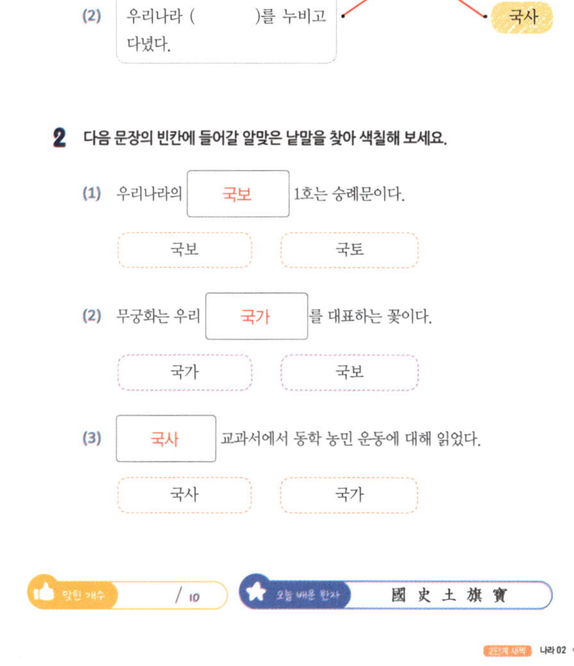

(1) (　　)를 배우며 우리나라 역사를 더욱 사랑하게 되었다. — 국사

(2) 김정호는 지도를 만들기 위해 우리나라 (　　)를 누비고 다녔다. — 국토

2 다음 문장의 빈칸에 들어갈 알맞은 낱말을 찾아 색칠해 보세요.

(1) 우리나라의 [국보] 1호는 숭례문이다.
국보　국토

(2) 무궁화는 우리 [국가]를 대표하는 꽃이다.
국가　국보

(3) [국사] 교과서에서 동학 농민 운동에 대해 읽었다.
국사　국가

맞힌 개수 / 10　오늘 배운 한자 國 史 土 旗 寶

 오늘 배운 한자를 다시 써 보세요.

民   民
백성 민

 오늘 배운 한자를 다시 익혀 보세요.

1 다음 한자의 읽는 소리를 써 보세요.

(1)  國 (국)   (2)  心 (심)

2 다음 밑줄 친 말에 해당하는 한자를 보기 에서 찾아 써 보세요.

보기

民   族   俗

(1) 아버지는 우리나라의 민속을 연구하신다.   →   民俗

(2) 우리 민족은 오래전부터 한반도에서 살았다.   →   民族

오늘 배운 낱말을 확인해 보세요.

1 다음 문장의 빈칸에 들어갈 알맞은 낱말을 찾아 선으로 이어 보세요.

(1) 안중근 의사는 우리 (   ) 을 위해 목숨을 바치셨다.

(2) (   )을 잃은 지도자는 선거에서 떨어지기 마련이다.

(3) 강강술래는 우리나라의 전통 (   )놀이 중 하나이다.

민심
민족
민속

2 다음 문장의 빈칸에 들어갈 알맞은 낱말을 찾아 색칠해 보세요.

(1) 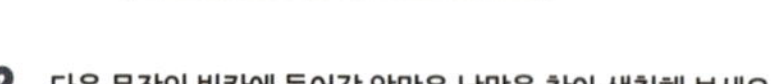 민속   문화에는 그 나라만의 전통이 담겨 있다.

민심   민속

(2) 일제 강점기에 우리  민족 은 나라를 빼앗겼다.

민족   민속

(3) 헌법에는  국민 이 행복하게 살아갈 권리를 보장하고 있다.

국민   민심

 맞힌 개수   / 10    오늘 배운 한자   民 國 俗 族 心

 오늘 배운 한자를 다시 써 보세요.

王   王
임금 왕

 오늘 배운 한자를 다시 익혀 보세요.

1 다음 한자의 읽는 소리를 써 보세요.

(1)  道 (도)   (2)  宮 (궁)

2 다음 소리에 해당하는 한자를 보기 에서 찾아 써 보세요.

보기

子   妃   王

(1) 비 → 妃   (2) 왕 → 王   (3) 자 → 子

오늘 배운 낱말을 확인해 보세요.

1 다음 문장의 빈칸에 들어갈 알맞은 낱말을 찾아 선으로 이어 보세요.

(1) 왕은 세자에게 (   )을/를 직접 가르쳤다.

(2) 군사들은 왕이 잠든 (   ) 을/를 밤새도록 지켰다.

왕궁
왕도

2 '왕(王)'이 들어간 보기 의 낱말 중 빈칸에 알맞은 낱말을 골라 써 보세요.

보기
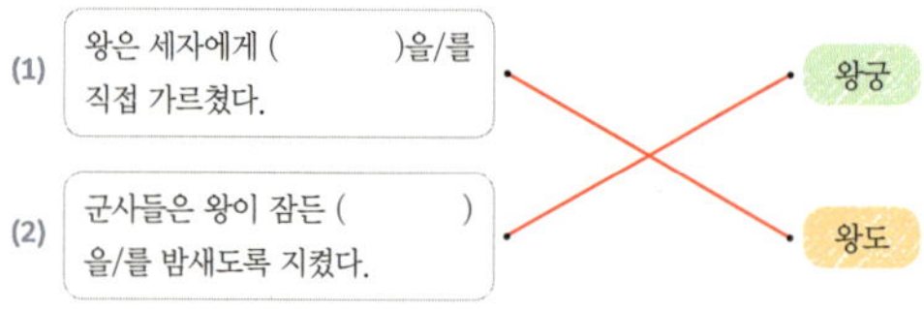
왕비   왕자   왕궁

(1) 수라간은   왕궁   에서 왕의 음식을 만들던 곳이다.

(2) 어린   왕자   은/는 왕이 되기 위해 열심히 공부를 했다.

(3) 따뜻한 봄에 왕과   왕비   사이에 예쁜 공주님이 태어났다.

 맞힌 개수   / 10   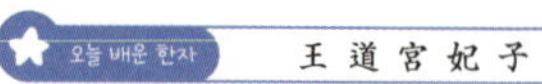 오늘 배운 한자   王 道 宮 妃 子

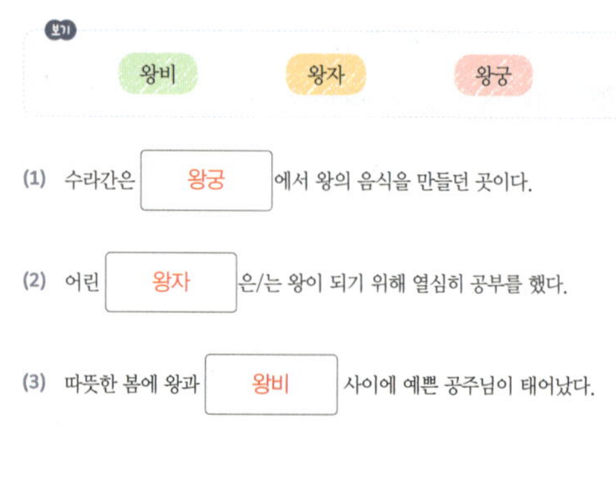

오늘 배운 한자를 다시 써 보세요.

軍　軍
군사 군

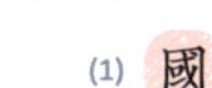
오늘 배운 한자를 다시 익혀 보세요.

1 다음 한자의 읽는 소리를 써 보세요.

(1) 國 (국)　　(2) 人 (인)

2 다음 밑줄 친 말에 해당하는 한자를 보기에서 찾아 써 보세요.

보기
軍　空　服

(1) <u>공군</u>의 공격으로 많은 건물들이 무너졌다. → 空軍

(2) 군악대가 된 형은 멋진 <u>군복</u>을 입고 휴가를 나왔다. → 軍服

오늘 배운 낱말을 확인해 보세요.

1 다음 문장의 빈칸에 들어갈 알맞은 낱말을 찾아 색칠해 보세요.

(1) 전투복, 정복 등 [군복]은 종류가 다양하다.

공군　　군복

(2) 우리나라의 국군은 크게 육군, [공군], 해군으로 나눈다.

공군　　군인

(3) 대한민국을 지키는 [국군]에게 감사한 마음을 가져야 한다.

군복　　국군

2 다음 문장의 빈칸에 들어갈 알맞은 낱말을 찾아 선으로 이어 보세요.

(1) 군대는 (　　　)들이 모여 있는 집단을 말한다.　—　군복

(2) 아버지는 해군 시절 입으셨던 (　　　)을 갖고 계신다.　—　군인

(3) 전투기를 탄 (　　　)들이 하늘에서 축하 공연을 했다.　—　공군

맞힌 개수 　/ 10　　오늘 배운 한자　軍 國 空 服 人

오늘 배운 한자를 다시 써 보세요.

漢　漢
한나라 한

오늘 배운 한자를 다시 익혀 보세요.

1 다음 한자의 읽는 소리를 써 보세요.

(1) 詩 (시)　　(2) 字 (자)

2 다음 소리에 해당하는 한자를 보기에서 찾아 써 보세요.

보기
江　漢　文

(1) 한 → 漢　(2) 강 → 江　(3) 문 → 文

오늘 배운 낱말을 확인해 보세요.

1 다음 문장에 어울리는 낱말을 골라 ○표 하세요.

(1) ((한강) / 한문)에서 유람선을 탔다.

(2) (한시 / (한자))는 글자로서 뜻도 중요하지만 쓰는 순서도 중요하다.

2 '한(漢)'이 들어간 보기 의 낱말 중 빈칸에 알맞은 낱말을 골라 써 보세요.

보기
한자　　한시　　한강

(1) 할아버지는 [한시]을/를 지어 읊으셨다고 한다.

(2) 사물의 모양을 본떠 만든 [한자]은/는 상형 문자이다.

(3) [한강] 주변에 물놀이를 즐길 수 있는 야외 수영장이 생겼다.

맞힌 개수 　/ 10　　오늘 배운 한자　漢 字 詩 江 文

 오늘 배운 한자를 다시 써 보세요.

門 門
문 문

 오늘 배운 한자를 다시 익혀 보세요.

1 다음 한자의 읽는 소리를 써 보세요.

(1) 大 (대)　(2) 家 (가)

2 다음 밑줄 친 말에 해당하는 한자를 보기에서 찾아 써 보세요.

보기　門　窓　校

(1) 교문 앞에서 친구들과 인사를 하고 헤어졌다. → 校門

(2) 창문을 여니 시원한 바람이 방 안으로 들어왔다. → 窓門

 오늘 배운 낱말을 확인해 보세요.

1 다음 문장에 어울리는 낱말을 골라 ○표 하세요.

(1) 우리 (가문 / 창문)에는 이름난 작가가 많다.

(2) 영민이네 집 (교문 / 대문)으로 강아지가 들어왔다.

(3) 진주네 방의 (교문 / 창문) 밖에서 아버지가 오시는 소리가 들렸다.

2 '문(門)'이 들어간 보기의 낱말 중 빈칸에 알맞은 낱말을 골라 써 보세요.

보기　가문　교문　대문

(1) 할아버지께서 받으신 훈장은 우리 　가문　 의 보물이 되었다.

(2) 학생들의 안전을 위해 학교의 　교문　 은 수업 중에 닫아 두어야 한다.

(3) 할머니는 집의 　대문　 밖까지 나오셔서 떠나는 우리 가족을 배웅해 주셨다.

 맞힌 개수 　/ 10　　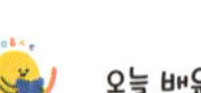 오늘 배운 한자　門 大 校 窓 家

 오늘 배운 한자를 다시 써 보세요.

力 力
힘 력(역)

 오늘 배운 한자를 다시 익혀 보세요.

1 다음 한자의 읽는 소리를 써 보세요.

(1) 努 (노)　(2) 體 (체)

2 다음 소리에 해당하는 한자를 보기에서 찾아 써 보세요.

보기　實　重　力

(1) 중 → 重　(2) 실 → 實　(3) 력/역 → 力

 오늘 배운 낱말을 확인해 보세요.

1 다음 문장의 빈칸에 들어갈 알맞은 낱말을 찾아 선으로 이어 보세요.

(1) 꾸준한 운동은 (　　)을 기르는 데 도움이 된다.

(2) 피아노를 능숙히 치는 (　　)을 길러서 멋진 연주를 하고 싶다.

(3) 나는 우리말을 사랑해서 바르고 고운 말을 쓰려고 항상 (　　)을 했다.

노력　실력　체력

2 다음 문장의 빈칸에 들어갈 알맞은 낱말을 찾아 색칠해 보세요.

(1) 서윤이의 수학 문제 풀이 　실력　 은 따라갈 수 없다.

체력　실력

(2) 우주에서는 　중력　 이 약해져 몸이 공중에 떠다닌다.

노력　중력

 맞힌 개수 　/ 10　　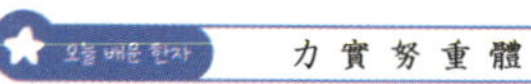 오늘 배운 한자　力 實 努 重 體

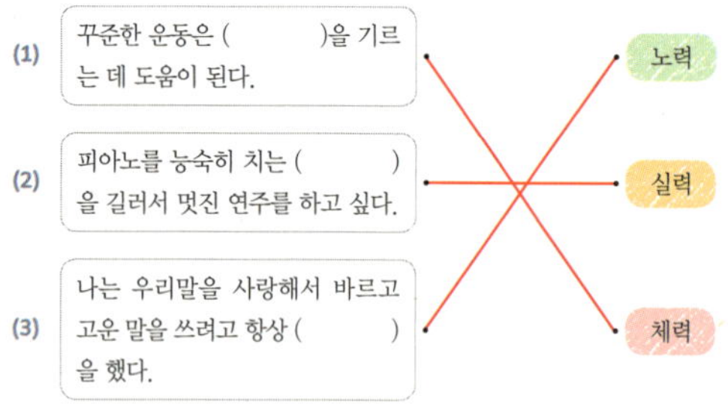

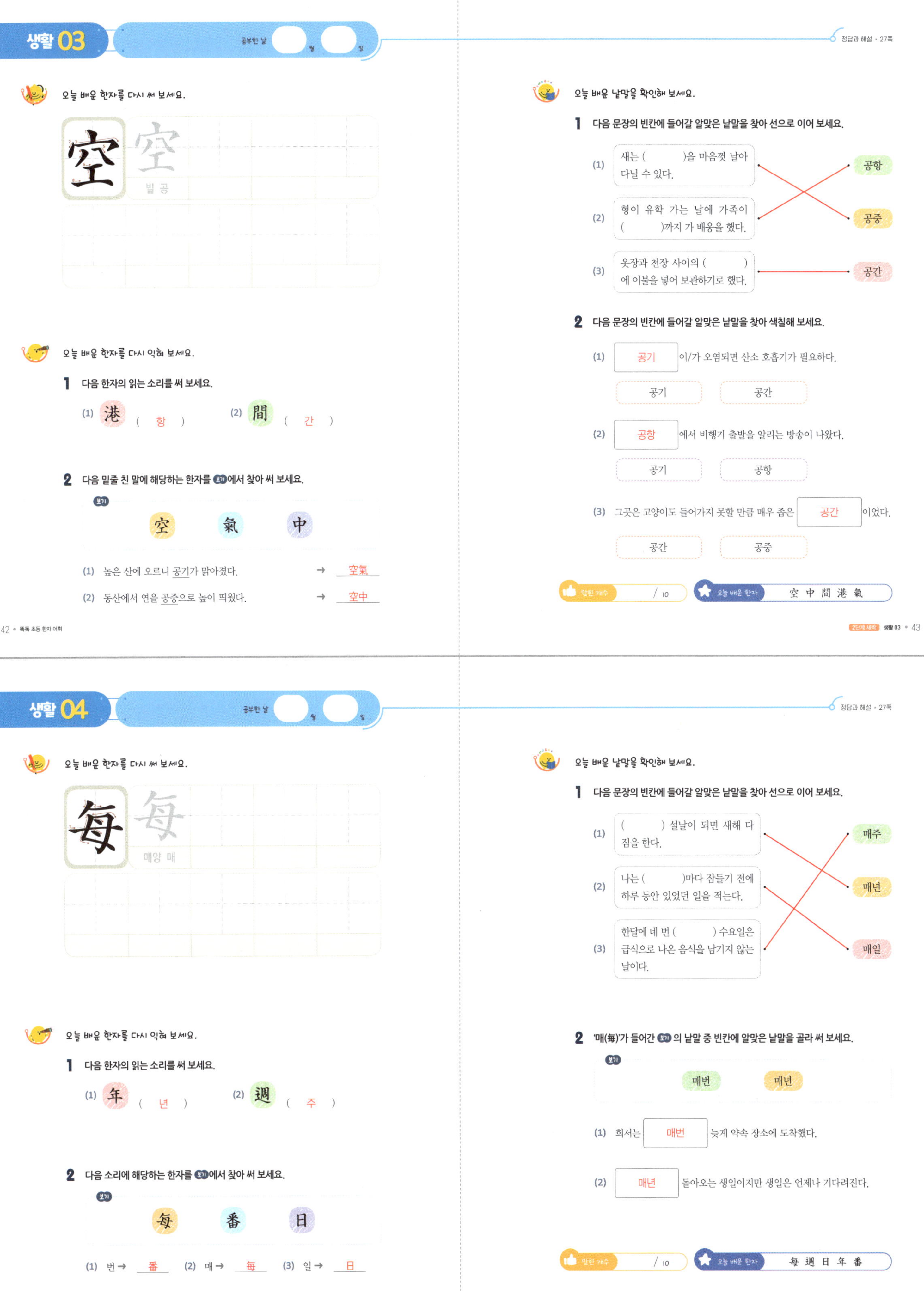

오늘 배운 한자를 다시 써 보세요.

空 / 빌 공

오늘 배운 한자를 다시 익혀 보세요.

1 다음 한자의 읽는 소리를 써 보세요.

(1) 港 (항)   (2) 間 (간)

2 다음 밑줄 친 말에 해당하는 한자를 보기 에서 찾아 써 보세요.

보기   空   氣   中

(1) 높은 산에 오르니 공기가 맑아졌다. → 空氣

(2) 동산에서 연을 공중으로 높이 띄웠다. → 空中

오늘 배운 낱말을 확인해 보세요.

1 다음 문장의 빈칸에 들어갈 알맞은 낱말을 찾아 선으로 이어 보세요.

(1) 새는 ( )을 마음껏 날아 다닐 수 있다.

(2) 형이 유학 가는 날에 가족이 ( )까지 가 배웅을 했다.

(3) 옷장과 천장 사이의 ( ) 에 이불을 넣어 보관하기로 했다.

공항 / 공중 / 공간

2 다음 문장의 빈칸에 들어갈 알맞은 낱말을 찾아 색칠해 보세요.

(1) 공기 이/가 오염되면 산소 호흡기가 필요하다.
   공기   공간

(2) 공항 에서 비행기 출발을 알리는 방송이 나왔다.
   공기   공항

(3) 그곳은 고양이도 들어가지 못할 만큼 매우 좁은 공간 이었다.
   공간   공중

맞힌 개수 / 10   ★ 오늘 배운 한자   空 中 間 港 氣

오늘 배운 한자를 다시 써 보세요.

每 / 매양 매

오늘 배운 한자를 다시 익혀 보세요.

1 다음 한자의 읽는 소리를 써 보세요.

(1) 年 (년)   (2) 週 (주)

2 다음 소리에 해당하는 한자를 보기 에서 찾아 써 보세요.

보기   每   番   日

(1) 번 → 番   (2) 매 → 每   (3) 일 → 日

오늘 배운 낱말을 확인해 보세요.

1 다음 문장의 빈칸에 들어갈 알맞은 낱말을 찾아 선으로 이어 보세요.

(1) ( ) 설날이 되면 새해 다짐을 한다.

(2) 나는 ( )마다 잠들기 전에 하루 동안 있었던 일을 적는다.

(3) 한달에 네 번 ( ) 수요일은 급식으로 나온 음식을 남기지 않는 날이다.

매주 / 매년 / 매일

2 '매(每)'가 들어간 보기 의 낱말 중 빈칸에 알맞은 낱말을 골라 써 보세요.

보기   매번   매년

(1) 희서는 매번 늦게 약속 장소에 도착했다.

(2) 매년 돌아오는 생일이지만 생일은 언제나 기다려진다.

맞힌 개수 / 10   ★ 오늘 배운 한자   每 週 日 年 番

 오늘 배운 한자를 다시 써 보세요.

農 농사 농

 오늘 배운 한자를 다시 익혀 보세요.

1 다음 한자의 읽는 소리를 써 보세요.

(1) 村 (촌) (2) 事 (사)

2 다음 밑줄 친 말에 해당하는 한자를 보기에서 찾아 써 보세요.

보기
農 場 夫

(1) 올해는 농장에 귤이 많이 열렸다. → 農場

(2) 농부는 벼를 거두어 창고에 보관했다. → 農夫

 오늘 배운 낱말을 확인해 보세요.

1 다음 문장의 빈칸에 들어갈 알맞은 낱말을 찾아 색칠해 보세요.

(1) 그는 [농장] 을/를 짓기 위해 땅을 샀다.
농부   농장

(2) 간식을 먹고 난 [농부] 들은 다시 논으로 들어갔다.
농부   농촌

(3) 아버지께서는 밭이 많고 넓은 [농촌] 지역에서 태어나셨다.
농사   농촌

2 다음 문장의 빈칸에 들어갈 알맞은 낱말을 찾아 선으로 이어 보세요.

(1) 가뭄으로 배추 (   )을/를 망치고 말았다. → 농촌

(2) (   )들이 땀을 흘리며 모내기를 하고 있다. → 농부

(3) (   ) 마을에는 나이 든 노인들밖에 일할 사람이 없다. → 농사

맞힌 개수 / 10 ★ 오늘 배운 한자 農 事 夫 場 村

 오늘 배운 한자를 다시 써 보세요.

車 수레 차(거)

 오늘 배운 한자를 다시 익혀 보세요.

1 다음 한자의 읽는 소리를 써 보세요.

(1) 汽 (기) (2) 停 (정)

2 다음 소리에 해당하는 한자를 보기에서 찾아 써 보세요.

보기
自 轉 車

(1) 전 → 轉 (2) 자 → 自 (3) 차/거 → 車

 오늘 배운 낱말을 확인해 보세요.

1 다음 문장에 어울리는 낱말을 골라 ○표 하세요.

(1) (기차 / 정거)를 타고 내 좌석을 찾아 다녔다.

(2) (자전거 / 하차)할 때는 차가 완전히 멈춘 후에 내려야 한다.

(3) 버스 (하차 / 정거) 시간이 되어 가자, 버스를 놓치지 않기 위해 달렸다.

2 '차/거(車)'가 들어간 보기 의 낱말 중 빈칸에 알맞은 낱말을 골라 써 보세요.

보기
기차   자전거

(1) [기차] 가 철도 위를 빠른 속도로 달린다.

(2) 공원에서 형에게 [자전거] 타는 방법을 배웠다.

맞힌 개수 / 10 ★ 오늘 배운 한자 車 下 汽 自 轉 停

오늘 배운 한자를 다시 써 보세요.

六 六
여섯 륙(육)

오늘 배운 한자를 다시 익혀 보세요.

1 다음 한자의 읽는 소리를 써 보세요.

(1) 班 (반)　　(2) 學 (학)

2 다음 밑줄 친 말에 해당하는 한자를 보기에서 찾아 써 보세요.

보기
面　六　體　層

(1) 우리 집은 아파트 육층에 있다.　→　六層
(2) 수학 시간에 육면체를 그려 보았다.　→　六面體

오늘 배운 낱말을 확인해 보세요.

1 다음 문장에 어울리는 낱말을 골라 ○표 하세요.

(1) 승강기 고장으로 (육면체 / (육층))까지 걸어서 올라가야 한다.
(2) 올해 (육반 / (육학년))이 된 언니는 내년이면 중학생이 된다고 좋아했다.
(3) 누나가 준 ((육면체) / 육학년) 모양의 선물 상자에는 사탕이 들어 있었다.

2 '륙/육(六)'이 들어간 보기의 낱말 중 빈칸에 알맞은 낱말을 골라 써 보세요.

보기
육반　　육면체　　육층

(1) 나는 2학년 여섯 개 반 중 가장 마지막 반인 [육반]이/가 되었다.
(2) 건물의 가장 높은 층인 [육층]에 있는 도서관 열람실에 책을 두고 온 것이 생각났다.
(3) 수학 교과서를 통해 여섯 개의 평면으로 둘러싸인 입체 모양의 도형을 [육면체](이)라고 한다는 것을 알게 되었다.

맞힌 개수 　/ 10　　★ 오늘 배운 한자　六 學 年 面 體 班 層

오늘 배운 한자를 다시 써 보세요.

七 七
일곱 칠

오늘 배운 한자를 다시 익혀 보세요.

1 다음 한자의 읽는 소리를 써 보세요.

(1) 旬 (순)　　(2) 月 (월)

2 다음 소리에 해당하는 한자를 보기에서 찾아 써 보세요.

보기
七　十　日

(1) 칠 → 七　(2) 일 → 日　(3) 십 → 十

오늘 배운 낱말을 확인해 보세요.

1 다음 문장의 빈칸에 들어갈 알맞은 낱말을 찾아 선으로 이어 보세요.

(1) 유월이 지나고 (　　　)이 오자 날씨가 갑자기 더워졌다.　　칠십
(2) 거리 공연에 (　　　) 명이 넘는 많은 사람들이 몰려들었다.　　칠월
(3) 나는 일주일인 (　　　) 동안 책을 두 권씩 읽기로 계획했다.　　칠일

2 다음 문장의 빈칸에 들어갈 알맞은 낱말을 찾아 색칠해 보세요.

(1) 할머니의 [칠순]을 축하드리기 위해 온 가족이 모였다.
　　　칠순　　칠일

(2) 시험공부를 제대로 하지 않아 이번 시험에서 [칠십] 등을 했다.
　　　칠월　　칠십

맞힌 개수 　/ 10　　★ 오늘 배운 한자　七 日 月 十 旬

 오늘 배운 한자를 다시 써 보세요.

여덟 팔

 오늘 배운 한자를 다시 익혀 보세요.

1 다음 한자의 읽는 소리를 써 보세요.

(1) 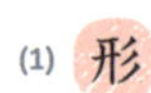 形 (형) (2)  角 (각)

2 다음 밑줄 친 말에 해당하는 한자를 보기에서 찾아 써 보세요.

보기
八 方 道

(1) 우리나라 전국 <u>팔도</u>에는 특산품이 있다. → 八道

(2) 유명 가수를 보기 위해 <u>팔방</u>에서 사람들이 몰려들었다. → 八方

 오늘 배운 낱말을 확인해 보세요.

1 다음 문장의 빈칸에 들어갈 알맞은 낱말을 찾아 선으로 이어 보세요.

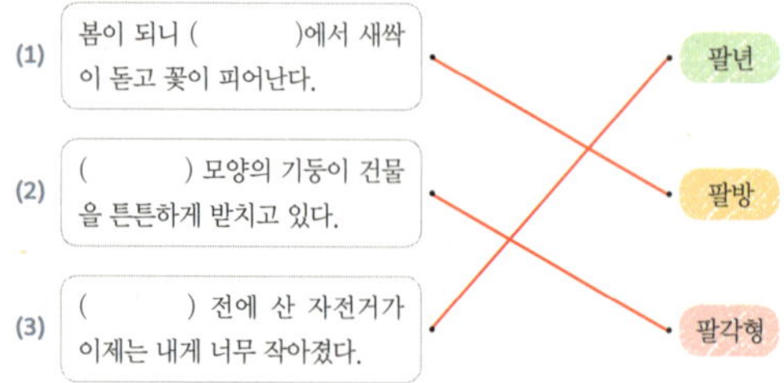

(1) 봄이 되니 (   )에서 새싹이 돋고 꽃이 피어난다.

(2) (   ) 모양의 기둥이 건물을 튼튼하게 받치고 있다.

(3) (   ) 전에 산 자전거가 이제는 내게 너무 작아졌다.

팔년 / 팔방 / 팔각형

2 다음 문장의 빈칸에 들어갈 알맞은 낱말을 찾아 색칠해 보세요.

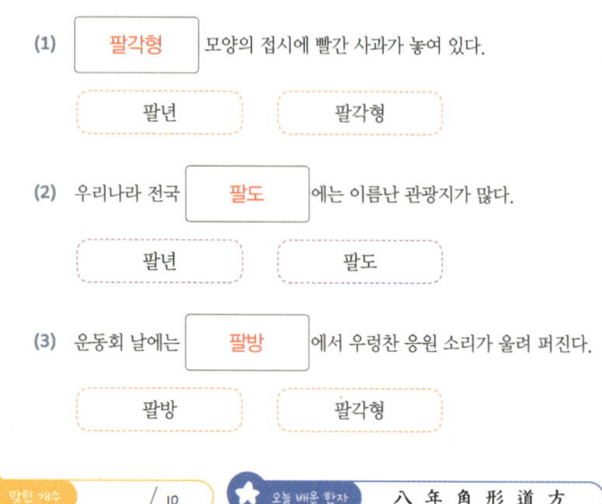

(1) 팔각형 모양의 접시에 빨간 사과가 놓여 있다.

팔년 / 팔각형

(2) 우리나라 전국 팔도에는 이름난 관광지가 많다.

팔년 / 팔도

(3) 운동회 날에는 팔방에서 우렁찬 응원 소리가 울려 퍼진다.

팔방 / 팔각형

맞힌 개수 / 10 ★ 오늘 배운 한자 八 年 角 形 道 方

 오늘 배운 한자를 다시 써 보세요.

아홉 구

 오늘 배운 한자를 다시 익혀 보세요.

1 다음 한자의 읽는 소리를 써 보세요.

(1)  回 (회) (2)  時 (시)

2 다음 소리에 해당하는 한자를 보기에서 찾아 써 보세요.

보기
段 萬 里

(1) 단 → 段 (2) 리 → 里 (3) 만 → 萬

 오늘 배운 낱말을 확인해 보세요.

1 다음 문장의 빈칸에 들어갈 알맞은 낱말을 찾아 선으로 이어 보세요.

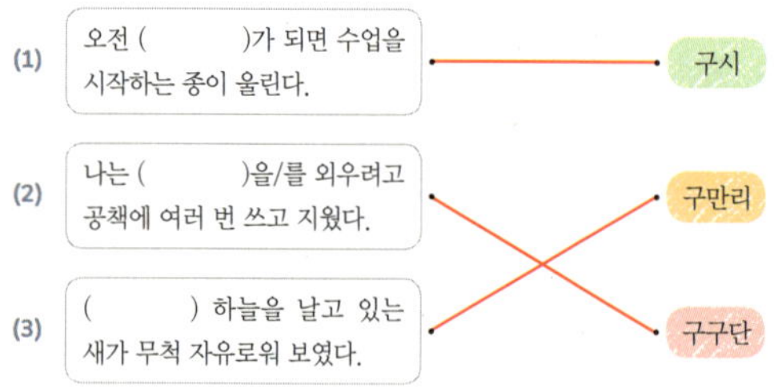

(1) 오전 (   )가 되면 수업을 시작하는 종이 울린다.

(2) 나는 (   )을/를 외우려고 공책에 여러 번 쓰고 지웠다.

(3) (   ) 하늘을 날고 있는 새가 무척 자유로워 보였다.

구시 / 구만리 / 구구단

2 '구(九)'가 들어간 보기 의 낱말 중 빈칸에 알맞은 낱말을 골라 써 보세요.

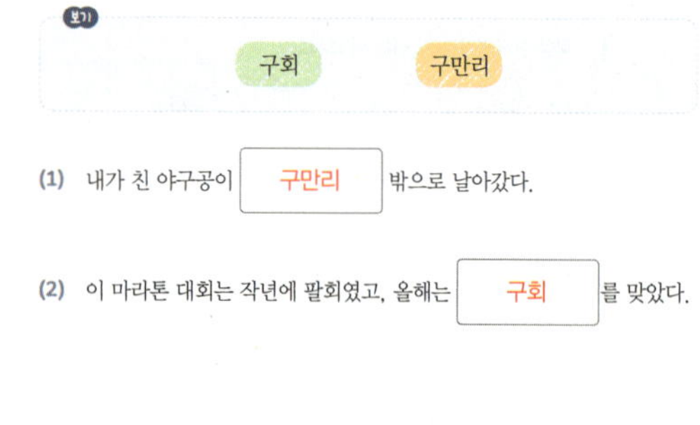
보기
구회 구만리

(1) 내가 친 야구공이 구만리 밖으로 날아갔다.

(2) 이 마라톤 대회는 작년에 팔회였고, 올해는 구회 를 맞았다.

맞힌 개수 / 10 ★ 오늘 배운 한자 九 回 時 段 萬 里

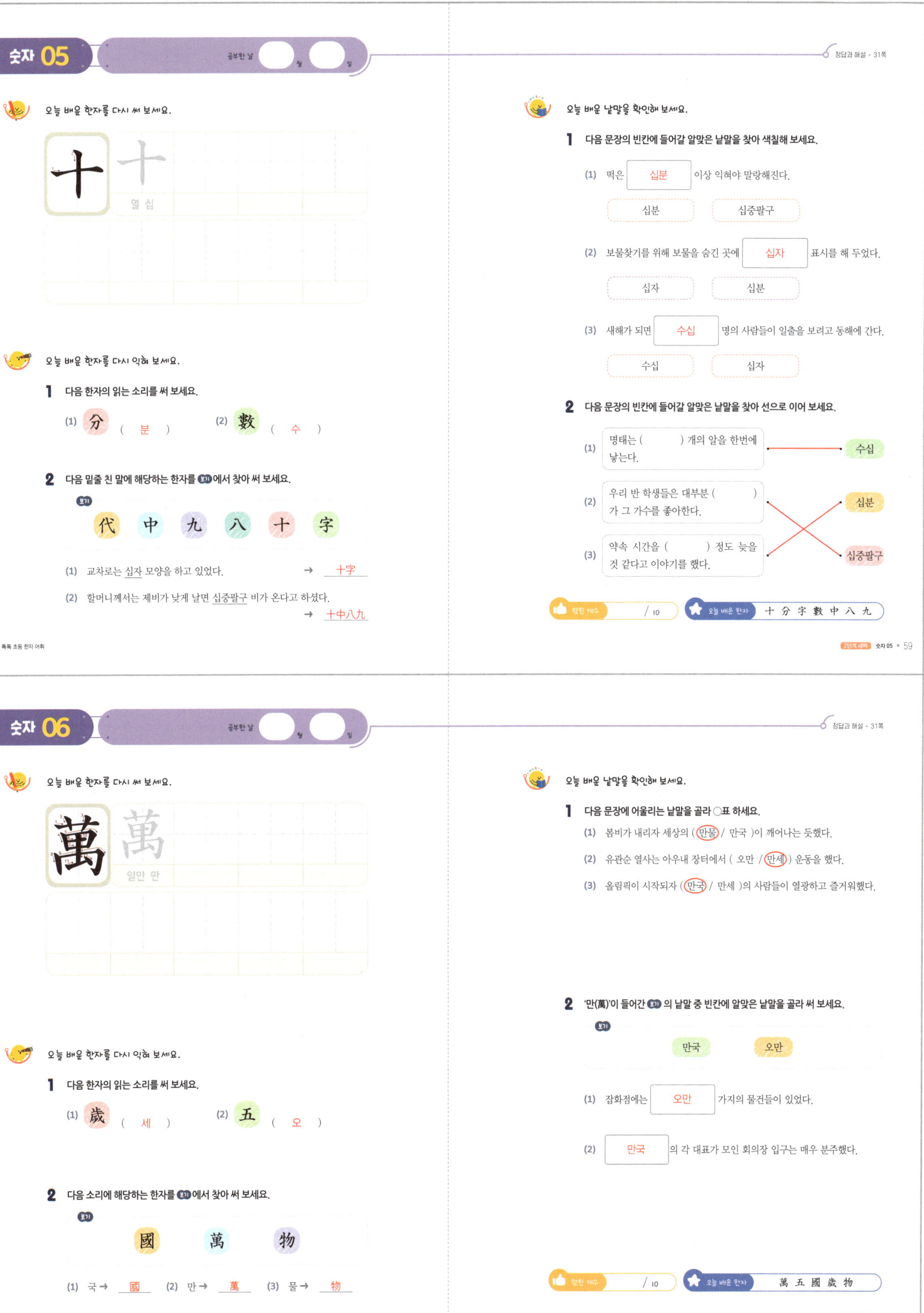

숫자 05
공부한 날   월   일
정답과 해설 · 31쪽

오늘 배운 한자를 다시 써 보세요.

十
열 십

오늘 배운 한자를 다시 익혀 보세요.

1 다음 한자의 읽는 소리를 써 보세요.
(1) 分 (분)   (2) 數 (수)

2 다음 밑줄 친 말에 해당하는 한자를 보기에서 찾아 써 보세요.
보기
代 中 九 八 十 字

(1) 교차로는 십자 모양을 하고 있었다.   → 十字
(2) 할머니께서는 제비가 낮게 날면 십중팔구 비가 온다고 하셨다.
→ 十中八九

58 · 똑똑 초등 한자 어휘

오늘 배운 낱말을 확인해 보세요.

1 다음 문장의 빈칸에 들어갈 알맞은 낱말을 찾아 색칠해 보세요.

(1) 떡은 십분 이상 익혀야 말랑해진다.
십분   십중팔구

(2) 보물찾기를 위해 보물을 숨긴 곳에 십자 표시를 해 두었다.
십자   십분

(3) 새해가 되면 수십 명의 사람들이 일출을 보려고 동해에 간다.
수십   십자

2 다음 문장의 빈칸에 들어갈 알맞은 낱말을 찾아 선으로 이어 보세요.

(1) 명태는 (   ) 개의 알을 한번에 낳는다.   수십
(2) 우리 반 학생들은 대부분 (   ) 가 그 가수를 좋아한다.   십분
(3) 약속 시간을 (   ) 정도 늦을 것 같다고 이야기를 했다.   십중팔구

맞힌 개수   / 10   오늘 배운 한자   十 分 字 數 中 八 九

2단계 새싹 숫자 05 · 59

숫자 06
공부한 날   월   일
정답과 해설 · 31쪽

오늘 배운 한자를 다시 써 보세요.

萬
일만 만

오늘 배운 한자를 다시 익혀 보세요.

1 다음 한자의 읽는 소리를 써 보세요.
(1) 歲 (세)   (2) 五 (오)

2 다음 소리에 해당하는 한자를 보기에서 찾아 써 보세요.
보기
國 萬 物

(1) 국 → 國   (2) 만 → 萬   (3) 물 → 物

60 · 똑똑 초등 한자 어휘

오늘 배운 낱말을 확인해 보세요.

1 다음 문장에 어울리는 낱말을 골라 ○표 하세요.
(1) 봄비가 내리자 세상의 (만물 / 만국)이 깨어나는 듯했다.
(2) 유관순 열사는 아우내 장터에서 (오만 / 만세) 운동을 했다.
(3) 올림픽이 시작되자 (만국 / 만세)의 사람들이 열광하고 즐거워했다.

2 '만(萬)'이 들어간 보기의 낱말 중 빈칸에 알맞은 낱말을 골라 써 보세요.
보기
만국   오만

(1) 잡화점에는 오만 가지의 물건들이 있었다.
(2) 만국 의 각 대표가 모인 회의장 입구는 매우 분주했다.

맞힌 개수   / 10   오늘 배운 한자   萬 五 國 歲 物

2단계 새싹 숫자 06 · 61

30문항 / 30분 시험 / 시험 일자: ______ 년 ____ 월 ____ 일

성명 (   )

정답과 해설 • 32쪽

문제 1-5

다음 글의 (   ) 안에 있는 漢字한자의 讀音(독음: 읽는 소리)을 쓰세요.

> (美) → 미

(1) 수학 (敎)사는   (교)
(2) 교(室)의 칠판에   (실)
(3) (八)각형을   (팔)
(4) (直)접 그려   (직)
(5) (學)생들을 가르쳤다.   (학)

문제 6-13

다음 訓(훈: 뜻)이나 音(음: 소리)에 알맞은 漢字한자를 •보기•에서 찾아 그 번호를 쓰세요.

> •보기•
> ① 江   ② 電   ③ 漢   ④ 每
> ⑤ 萬   ⑥ 九   ⑦ 農   ⑧ 校

(6) 강   (①)
(7) 아홉   (⑥)
(8) 일만   (⑤)
(9) 학교   (⑧)
(10) 농사   (⑦)
(11) 매양   (④)
(12) 번개   (②)
(13) 한나라   (③)

문제 14-20

다음 밑줄 친 말에 해당하는 漢字한자를 •보기•에서 찾아 그 번호를 쓰세요.

> •보기•
> ① 十   ② 靑   ③ 力   ④ 海
> ⑤ 國   ⑥ 白   ⑦ 七

(14) 형은 힘이 세다.   (③)
(15) 하얀 구름이 눈부셨다.   (⑥)
(16) 바다에서 수영을 했다.   (④)
(17) 우리나라의 꽃은 무궁화이다.   (⑤)
(18) 나는 푸른색을 가장 좋아한다.   (②)
(19) 열 시 전에는 잠자리에 들어야 한다.   (①)
(20) 북두칠성은 일곱 개의 별로 이루어졌다.
                                             (⑦)

계속

문제 21-24

다음 漢字한자의 訓(훈: 뜻)과 音(음: 소리)을 쓰세요.

> 美 → 아름다울 미

(21) 山   (메 산)
(22) 空   (빌 공)
(23) 民   (백성 민)
(24) 先   (먼저 선)

문제 25-28

다음 漢字한자의 音(음: 소리)을 •보기•에서 찾아 그 번호를 쓰세요.

> •보기•
> ① 군   ② 문   ③ 육   ④ 한

(25) 軍   (①)
(26) 六   (③)
(27) 韓   (④)
(28) 門   (②)

문제 29-30

다음 漢字한자의 진하게 표시한 획은 몇 번째 쓰는지 •보기•에서 찾아 그 번호를 쓰세요.

> •보기•
> ① 첫 번째   ② 두 번째
> ③ 세 번째   ④ 네 번째
> ⑤ 다섯 번째   ⑥ 여섯 번째
> ⑦ 일곱 번째   ⑧ 여덟 번째

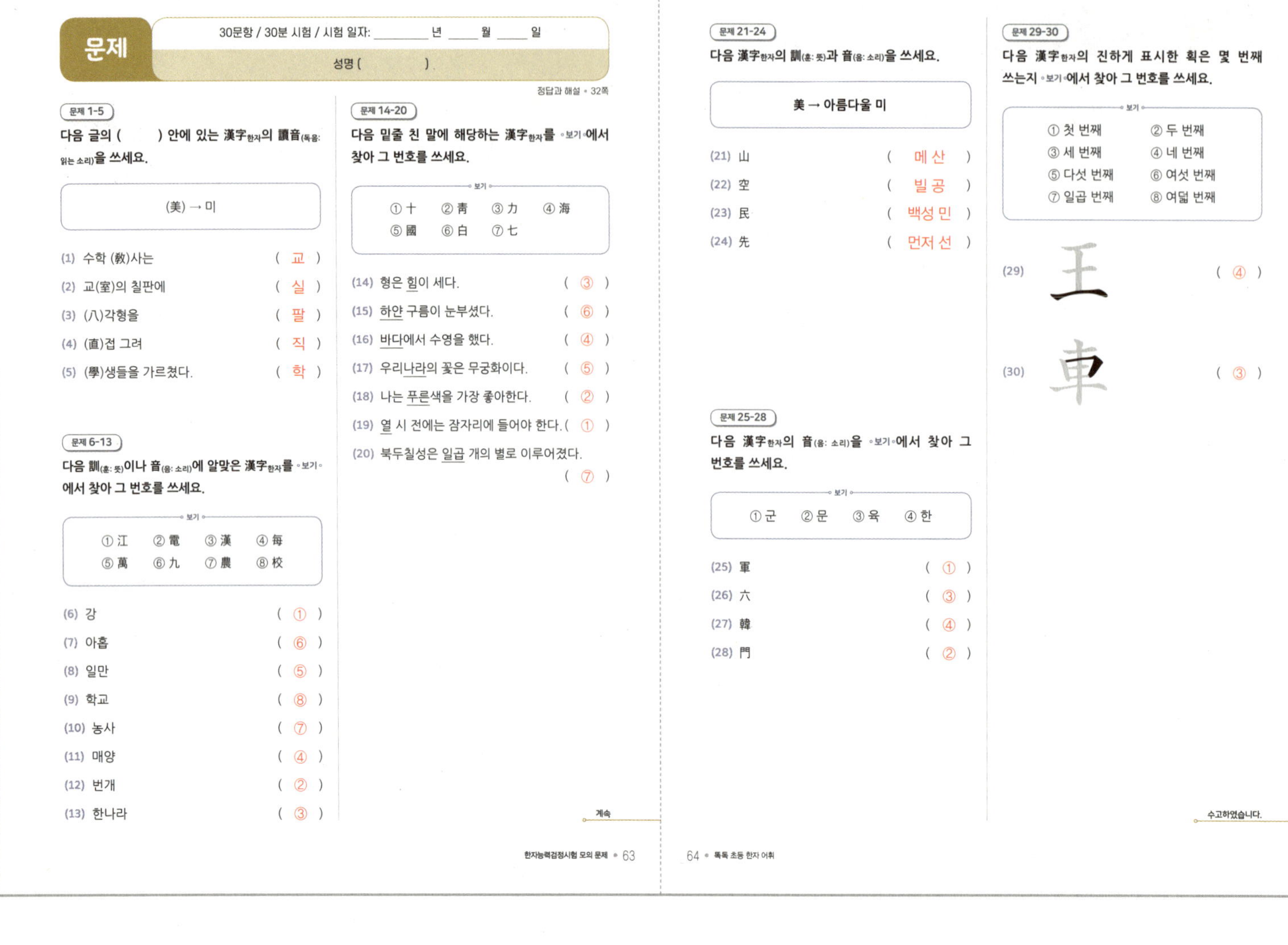

(29)   (④)

(30)   (③)

수고하셨습니다.